U0502711

数字经济与共同富裕

◎何理　冯科　著

中国科学技术出版社

·北　京·

前言

　　作为中华民族自古以来的美好愿景，共同富裕影响每个中国人切身利益，关乎国家前途命运。特别是随着"全面建成小康社会"第一个百年奋斗目标的实现，中国进入高质量发展的新阶段，扎实推动共同富裕成为顺应时势人心的时代必答题。与此同时，伴随着人工智能、大数据等数字技术的飞速进步，数字经济正在蓬勃发展，数字经济已经成为经济发展中增长速度最快、影响最为广泛的领域之一，对建设现代化产业体系、着力推动高质量发展具有重要作用。

　　数字经济既是共同富裕的时代背景，也为促进共同富裕目标的实现提供了契机。数字经济对宏观经济增长和收入分配格局均会产生影响，因而数字经济是促进共同富裕的重要力量。尽管数字经济对经济增长和收入分配的影响已经是国内外学术界广泛关注的热点话题，但随着中国进入扎实推动共同富裕的历史阶段，学者迫切需要结合中国的自身特色和生动实践，对数字经济促进共同富裕的经济学规律进行系统的总结和理论阐释。基于上述考虑，我们撰写了本书。

　　本书全面、系统、深入地论证了数字经济对共同富裕的促进作用，及其理论逻辑与实现路径，并提出了数字经济促进共同富裕所面临的九大挑战与九大政策建议。我们期望本书能丰富数字经济与共同富裕相关领域的学术研究，并为政府部门制定相关政策提供科学依据，而且为关注数字经济与共同富裕问题的各方面人士提供参考。本书的主要特色，有以下三点。

首先，本书基于数字经济的理论视角来研究共同富裕。本书考察了数字经济对宏观经济增长和城乡差距、区域差距、群体收入差距等共同富裕多重目标的影响。不仅如此，本书还立足于中国实践，对数字普惠金融、平台经济、农村电商等具有代表性的数字经济新业态促进共同富裕的作用进行了理论提炼，为促进共同富裕的影响因素提供了新的理论解释，从而为扎实推动共同富裕提供了新的解决思路。

其次，本书对于数字经济促进共同富裕的作用机制和实现路径进行了系统的理论分析与解释。本书多角度、分层次地阐释了数字经济促进共同富裕的机制与路径，为理解数字经济与共同富裕的关系提供了更全面的视角和更系统的理论分析，从而补充了数字经济促进共同富裕作用机制的相关研究。

最后，本书注重理论与实践的有机统一，具有鲜明的时代特色和政策含义。本书不仅从理论上论证了数字经济促进共同富裕的重要作用，还基于此从实践上给出了数字经济促进共同富裕的现实挑战和政策建议。从而为政府部门运用数字经济解决发展不平衡、不充分问题，推动数字经济发展成果的共享，最终实现高质量发展与共同富裕目标，提供了决策依据与政策启示。

本书一共九章。第一章是导论。第二章至第五章从共同富裕的多重内涵出发，分别讨论了数字经济如何促进宏观经济增长、数字经济如何缩小城乡差距、数字经济如何缩小区域差距、数字经济如何缩小群体收入差距。第六章至第八章从数字经济的具体表现形式出发，分别讨论了数字普惠金融如何促进共同富裕、平台经济如何促进共同富裕、农村电商如何促进共同富裕。第九章是数字经济促进共同富裕面临的挑战与政策建议。

本书在编写的过程中，引用、吸收了大量相关的学术论文、专著等的内容，在此表示衷心感谢！本书得到了中国科学技术出版社的大力支持，在此表示衷心感谢！中国社会科学院大学的博士研究生甄皓晴、杨慧鹏、刘希兰、李姝蓓，硕士研究生王庸源，协助了本书的编写，在此表示衷心感谢！

目　录

第一章
数字经济时代的共同富裕　001

本书的研究背景与意义　003

本书的研究目标及内容　008

本书的创新之处　011

本书的结构安排　013

第二章
数字经济如何促进宏观经济增长　017

宏观经济增长是共同富裕的基础　019

数字经济对宏观经济增长的促进作用　021

投入新要素与新技术　026

提升要素配置效率　029

赋能传统产业升级　034

催生新业态新模式　037

本章小结　041

第三章
数字经济与城乡差距　045

城乡融合发展的重要性与现状　047

数字经济对城乡差距的缩小作用　　　　　　050

增加农村居民的就业机会　　　　　　　　　053

提升农村居民的创业机会　　　　　　　　　055

促进城乡市场一体化发展　　　　　　　　　059

赋能农村产业结构的升级　　　　　　　　　061

推动城乡公共服务均等化　　　　　　　　　066

本章小结　　　　　　　　　　　　　　　　069

第四章

数字经济与区域差距　　　　　　　　　**071**

区域协调发展的重要性与现状　　　　　　　073

数字经济对区域差距的缩小作用　　　　　　077

畅通区域间要素自由流动　　　　　　　　　080

加深区域市场一体化程度　　　　　　　　　084

推动区域产业布局更合理　　　　　　　　　088

促进区域公共服务均等化　　　　　　　　　092

缩小区域间人均收入差距　　　　　　　　　096

本章小结　　　　　　　　　　　　　　　　100

第五章

数字经济与群体差距　　　　　　　　　**103**

减少群体间收入差距的重要性与现状分析　　105

数字经济与"橄榄型"收入分配格局　　　　113

数字经济与高低技能劳动者收入差距　　　　128

数字经济与性别收入差距 135

数字经济与代际收入流动性 140

本章小结 148

第六章

数字普惠金融如何促进共同富裕 151

数字普惠金融的重要性及发展现状 153

数字普惠金融对共同富裕有促进作用 157

数字普惠金融促进共同富裕的机制 160

数字普惠金融促进共同富裕的实证分析 164

数字普惠金融促进共同富裕的进一步分析 176

本章小结 185

第七章

平台经济如何促进共同富裕 189

平台经济发展的重要性与现状 191

平台经济对共同富裕的促进作用 193

平台经济拓宽市场边界，推动公平竞争 196

平台经济带动就业创业，提升居民收入 199

平台经济创新消费模式，改善居民福利 202

平台经济保障公共服务，增进民生福祉 205

本章小结 209

第八章

农村电商如何促进共同富裕　211

农村电商发展的重要性与现状　213

农村电商发展对共同富裕的促进作用　216

农村电商发展助推要素流动，优化配置效率　219

农村电商发展扩大市场范围、拓宽增收渠道　223

农村电商发展加速城乡融合，激发良性互动　226

农村电商发展产生溢出效应，带动周边发展　229

本章小结　232

第九章

数字经济促进共同富裕面临的挑战与建议　235

数字经济促进共同富裕面临的挑战　237

数字经济促进共同富裕的建议　247

参考文献　259

第一章

数字经济时代的
共同富裕

本书的研究背景与意义

　　共同富裕是社会主义的本质要求，是中国式现代化的重要特征。共同富裕是中华民族自古以来的美好愿景，随着"全面建成小康社会"第一个百年奋斗目标的实现，中国进入高质量发展的新阶段，共同富裕也被赋予了新的内涵和要求。新时代的共同富裕包括"发展"和"共享"两个维度，意味着在"做大蛋糕"的同时也要"分好蛋糕"，二者有机统一、相互促进、相辅相成。其中，发展是实现共同富裕的前提和基础，高质量发展既能带来收入、财产和公共服务水平提升的物质富裕，也会随之带来具有获得感、满足感和幸福感的精神富裕，因而共同富裕必须基于高质量发展。共享则是实现共同富裕的核心元素和必然要求，共享是指发展成果、发展机会、公共服务在城乡、区域和人群之间的共享，意味着要缩小收入、财产和公共服务的差距，做好发展成果的分配。综合来看，共同富裕是指每个人的富裕程度均达到最低富裕标准的富裕，是全体人民成果共享的全方面富裕。

2020 年 10 月，党的十九届五中全会提出，到 2035 年"全体人民共同富裕取得更为明显的实质性进展"，共同富裕正式由理念目标迈入现实要求，进入扎实推动共同富裕的新阶段。随后，有关共同富裕的政策文件密集出台，2021 年 3 月，"十四五"规划指出，要"更加积极有为地促进共同富裕"；2022 年 10 月，党的二十大报告强调，要"着力促进全体人民共同富裕"；2024 年《政府工作报告》指出，要"扎实推进共同富裕"。可见，共同富裕已经成为新发展阶段的核心议题。探究如何设计更加合理的路径和政策，进而促进共同富裕目标的实现，具有重要的理论与现实意义。

随着互联网、大数据、人工智能等新一代信息技术的深度应用，在经历了农业经济、工业经济时代后，人类已进入数字经济时代。数字经济最早由唐·塔普斯科特（Don Tapscott）提出，是指广泛应用信息通信技术（ICT）的经济系统。随着数字技术的演进，数字经济的内涵经历了信息经济、互联网经济和新经济的演变，包括数字产业化和产业数字化两大组成部分。与传统经济相比，数字经济以数据作为生产要素，能够降低数据处理和交易成本、提高资源配置效率。与互联网经济相比，数字经济更加强调人工智能、区块链、大数据等新一代信息技术的融合应用与价值创造，以及由此催生出的新模式和新业态，从而体现出更强的替代性、渗透性、协同性和创造性。根据 2022 年国务院发布的《"十四五"数字经济发展规划》，数字经济是指以数据资源为关键要素，以现代信息网络为主要载体，以信息通信技术融合应用、全要素数字化转型为重要推动力，促进公平与效率更加统一的新经济形态。

　　近年来，中国数字经济呈现出迅猛的增长态势。根据国家数据局发布的《数字中国发展报告（2023 年）》显示，2023 年数字经济核心产业增加值估计超过 12 万亿元，占国内生产总值（GDP）比重 10% 左右，数字经济已经成为推动高质量发展的强有力支撑。党和政府高度重视发展数字经济，推动数字经济逐渐上升为国家战略。2017 年，党的十九大报告指出，要"推动互联网、大数据、人工智能和实体经济深度融合"。2018 年，首部国家层面的数字经济专门文件《数字经济发展战略纲要》出台。2019 年，党的十九届四中全会将"数据"增列为新的生产要素。2021 年，十四五规划纲要明确提出要"打造数字经济新优势"。2022 年，国务院发布《"十四五"数字经济发展规划》。同年，党的二十大报告指出，要"加快发展数字经济，促进数字经济和实体经济深度融合"。2023 年，中共中央、国务院印发《数字中国建设整体布局规划》。2024 年，政府工作报告指出，要"深入推进数字经济创新发展"。

　　数字经济既是共同富裕的时代背景，也为促进共同富裕目标的实现提供了契机。一方面，数字经济依托于数字技术，能够提供新的生产要素，提升要素配置效率并促进创新，进而促进宏观经济增长，提升居民收入，有助于"富裕"目标的实现。另一方面，数字经济具有低门槛、普惠、包容的特征，能够打破时空限制，帮助弱势群体享受数字红利与发展成果，进而弥合城乡、区域、群体差距，有助于"共享"目标的达成。因此，数字经济与共同富裕具有内在一致性，发展数字经济将促进共同富裕。鉴于数字经济对共同富裕的促进作用，党和政府不断出台支持政策。2022年1月，《"十四五"数字经济发展规划》明确指出，"数字经济是促进公平与效率更加统一的新经济形态"。2023年12月，国家发展改革委、国家数据局关于印发《数字经济促进共同富裕实施方案》，为更好发挥数字经济在实现共同富裕目标中的重要作用，提供了制度保障。

然而，对于数字经济促进共同富裕的研究，已有研究仍不够充分，既缺乏对数字经济如何促进共同富裕各个细分目标的系统研究，也鲜有对诸如数字普惠金融、平台经济、农村电商等数字经济新业态如何促进共同富裕的深入探讨。基于此，本书将系统论证数字经济对共同富裕的促进作用，全面深入地阐释数字经济促进共同富裕的理论逻辑与实现路径，在此基础上提出数字经济促进共同富裕面临的挑战与政策建议，以期丰富数字经济与共同富裕相关领域的学术研究，并为政府制定相关政策提供有益参考。

本书对于数字经济与共同富裕的研究，具有丰富的理论意义与现实意义。

从理论意义来看，一是补充关于共同富裕的研究。不同于已有研究，本书从数字经济的视角来研究如何促进共同富裕，并详细分析了对数字普惠金融、平台经济、农村电商等数字经济新业态的具体表现形式对共同富裕的促进作用，对共同富裕的研究作出有益补充。二是拓展关于数字经济的理论研究。本书拓展数字经济影响的研究范围，分析数字经济如何推动共同富裕目标的实现，并从共同富裕的多重内涵出发，系统探讨数字经济促进宏观经济增长、缩小城乡差距、缩小区域差距、缩小群体差距的作用，拓展数字经济的理论研究。三是丰富数字经济促进共同富裕的作用机制研究。本书对于数字经济促进共同富裕的理论逻辑、具体机制和实现路径，进行系统、全面、细致、严谨的经济学理论分析和阐释，并有针对性地使用区域数据进行实证分析与检验，有助于深化对数字经济促进共同富裕的理论解释力度。

从现实意义来看，一是有利于数字经济和共同富裕相关政策目标的实现。本书的研究成果，对于"加快发展数字经济，促进数字经济与实体经济深度融合""着力促进全体人民共同富裕"等政策实践，具有重要的参考价值。二是有利于提升数字经济促进共同富裕的实施效果。本书对数字经济促进共同富裕的机制与路径进行全面系统剖析，有利于充分发挥数字经济在促进共同富裕方面的积极作用。三是有利于政府优化支持数字经济和共同富裕的政策体系。本书对数字经济促进共同富裕所面临的挑战进行深入探讨，并基于此为政府部门在加强数字技术研发、完善数据要素制度、多方弥补数字鸿沟、做好平台经济监管等方面，提供具有针对性和可操作性的政策建议。

本书的研究目标及内容

　　本书旨在对数字经济与共同富裕进行严谨的经济学分析，在阐明数字经济与共同富裕重要性与现状的基础上，全方位、分层次、多角度地深入论证数字经济促进共同富裕的理论逻辑，挖掘数字经济促进共同富裕的作用机制，凝练数字经济促进共同富裕的发展规律。同时，本书还提炼出数字经济促进共同富裕目标实现的数条路径，在分析现实挑战的基础上，设计出数字经济促进共同富裕的对策，以期为政府更好发挥数字经济在助力实现共同富裕中的重要作用，提供参考借鉴与决策依据。

　　本书的主要研究内容有以下四个方面：

第一，从共同富裕的"发展"维度出发，分析数字经济如何促进共同富裕。共同富裕的"发展"维度主要体现为宏观经济的增长，因此本书着重论证了宏观经济增长是共同富裕的基础，基于此分析了数字经济对宏观经济增长的促进作用，阐述了数字经济有望从带动新要素新技术投入、数字技术提升要素配置效率、赋能传统产业升级、催生新业态新模式等方面构筑宏观经济增长的新优势。首先，数字经济中数据要素的引入颠覆了传统经济的增长模式，而且通过技术进步来推动经济增长。同时，数字经济的发展有效提升了生产要素的配置效率，能够降低市场的信息不对称与交易成本，保障经济的有效运行。此外，产业数字化转型大大促进了产业之间的融合，不断优化中国的产业发展。最后，数字技术的研发，催生出一系列全新的产业、业态、商业模式等，从而激活了市场需求。

第二，从共同富裕的"共享"维度出发，分析数字经济如何促进共同富裕。本书将共同富裕中的"共享"目标进一步分解为缩小城乡差距、缩小区域差距、缩小群体差距三重内涵，对于数字经济促进每个目标的实现，进行了深入的理论分析。在缩小城乡差距方面，本书从增加农村居民的就业创业机会、促进城乡市场一体化发展、赋能农村产业结构升级、推动城乡公共服务均等化等角度，论证了数字经济缩小城乡差距的作用。在缩小区域差距方面，本书提出了数字经济能够畅通区域间要素自由流动、加深区域市场一体化程度、推动区域产业布局更合理、促进区域公共服务均等化，进而缩小区域差距的作用机制。在缩小群体差距方面，本书分析了数字经济通过缓解信息匮乏、降低交易成本、增加就业和创业机会，进而推动实现"橄榄型"收入分配格局的作用，并详细阐述了数字经济弥合高低技能群体和性别收入差距、增加代际收入流动性的积极影响。

第三，从数字经济新业态的典型表现形式出发，分析数字经济如何促进共同富裕。本书立足于数字经济的实践，选取数字普惠金融、平台经济、农村电商作为数字经济新业态的典型代表，依次分析其对促进共同富裕的积极作用。从数字普惠金融来看，本书在梳理传统金融发展缩小收入差距相关研究的基础上，提出数字普惠金融增加了低收入人群的金融可得性，减少了农村居民参与就业和创业活动的融资约束，进而促进城镇化进程和产业结构升级，能够更大程度提升弱势群体的收入，促进共同富裕目标的实现，并针对此进行了实证分析。从平台经济来看，本书详细阐述了平台经济在推动市场公平竞争、拓宽就业创业渠道、改善消费者福利、推动公共服务均等化等方面发挥的积极作用。从农村电商来看，本书基于助推要素流动和优化配置效率、扩大市场范围和拓宽增收渠道、加速城乡融合和激发良性互动、产生溢出效应和带动周边发展四条机制，分析了农村电商对共同富裕的促进作用。

第四，剖析数字经济促进共同富裕面临的挑战，提出数字经济促进共同富裕的政策建议。尽管数字经济在理论上具有促进共同富裕实践的积极作用，但在实践中，仍然面临着很多问题与挑战，需要系统的政策体系来提供支持，保障数字经济在促进共同富裕方面取得实质性进展。因此，本书探究了数字经济促进共同富裕面临的挑战，包括数字技术差距仍然明显、数据要素市场不够完善、产业数字化发展不均衡、数字鸿沟呈现不平等性、数字公共服务城乡失衡、普惠金融面临多重困境、平台经济监管不够规范、农村电商亟须突破瓶颈、数字配套设施不够健全，并针对上述挑战，提出加强数字技术研发、健全数据要素制度、丰富产业政策体系、弥合多维数字鸿沟、提升公共服务质效、完善普惠金融政策、做好平台经济监管、优化农村电商治理、深化配套制度建设的政策建议。

本书的创新之处

本书基于数字经济的理论视角来研究共同富裕，补充了共同富裕的相关文献。已有研究多基于定性层面探讨共同富裕的内涵、特征、测度方式、现实挑战以及可能的实现路径，较少关注数字经济在共同富裕实现过程中的重要推动作用。本书则探讨了数字经济对共同富裕的积极影响，并立足于中国实践，对数字普惠金融、平台经济、农村电商等具有代表性的数字经济新业态促进共同富裕的作用进行了理论提炼，为促进共同富裕的影响因素提供了新的理论解释，为扎实推动共同富裕提供了新的解决思路。

本书从共同富裕的角度来审视数字经济，丰富和拓展了数字经济的相关研究。不同于现有文献仅聚焦于数字经济对经济增长、居民收入等单一指标的影响，本书从共同富裕这一综合视角出发，同时考察数字经济对宏观经济增长和城乡差距、区域差距、群体差距等共同富裕多重目标的影响，从而为拓宽数字经济的影响研究提供了新的场景与思路，进一步丰富了数字经济发展效果的研究。

本书对于数字经济促进共同富裕的作用机制和实现路径进行了系统的理论分析与解释。本书多角度、分层次地阐释了数字经济促进共同富裕的机制与路径，建立了数字经济促进共同富裕的理论分析框架，为理解数字经济与共同富裕的关系提供了更全面的视角和更系统的理论解释，从而补充了数字经济促进共同富裕作用机制的相关研究。同时，本书有针对性地对数字经济促进共同富裕的作用机制展开实证检验，从而为理解实现共同富裕目标的过程中如何发挥数字经济的促进作用，提供了更丰富的经验证据。

本书的研究结论为政府实现数字经济与共同富裕的相关政策目标提供重要的决策依据。本书注重理论与实践的有机统一，具有鲜明的时代特色和政策含义，不仅从理论上论证了数字经济促进共同富裕的重要作用，还基于此从实践上给出了数字经济促进共同富裕的现实挑战和政策建议，从而为政府运用数字经济手段解决发展不平衡不充分问题，推动数字经济发展成果的共享，最终实现高质量发展与共同富裕目标，提供了决策依据与政策启示。

本书的结构安排

本书的结构安排如下：

第一章是介绍部分。本章主要分析本书的研究背景、研究意义、研究目标及内容、研究思路及方法、研究创新，并梳理全书的结构安排。

第二章至第五章从共同富裕的多重内涵出发，分别讨论了数字经济促进宏观经济增长、缩小城乡差距、缩小区域差距、缩小群体差距的作用。

第二章是"数字经济如何促进宏观经济增长"。本章首先阐述了宏观经济增长是共同富裕的基础，其次从投入新要素新技术、提升要素配置效率、赋能传统产业升级、催生新业态新模式四个方面，分析了数字经济对宏观经济增长的促进作用。

第三章是"数字经济与城乡差距"。本章基于对城乡融合发展重要性与现状的阐述，分析了数字经济对城乡收入差距的缩小作用，并从增加农村居民的就业机会、提升农村居民的创业机会、促进城乡市场一体化发展、赋能农村产业结构的升级、推动城乡公共服务均等化五个方面进行详细论述。

第四章是"数字经济与区域差距"。本章先是分析了区域协调发展的重要性与现状，然后从畅通区域间要素自由流动、加深区域市场一体化程度、推动区域产业布局更合理、促进区域公共服务均等化、缩小区域间人均收入差距五个方面，系统阐述了数字经济对区域差距的缩小作用。

第五章是"数字经济与群体差距"。本章分析了减少群体间收入差距的重要性与现状，总体论证了数字经济对"橄榄型"收入分配格局的推动作用；在此基础上，针对不同群体，系统阐述了数字经济缩小高、低技能群体收入差距，数字经济缩小不同性别群体收入差距，数字经济促进代际收入向上流动的作用机制。

第六章至第八章从数字经济的具体表现形式出发，分别讨论了数字普惠金融、平台经济、农村电商对共同富裕的促进作用。

第六章是"数字普惠金融如何促进共同富裕"。本章首先阐明了数字普惠金融的重要性及发展现状，其次从理论上分析了数字普惠金融对共同富裕有促进作用，并从产业结构升级和城镇化率提升两方面明晰了数字普惠金融促进共同富裕的机制，最后对数字普惠金融促进共同富裕的作用、影响机制和异质性进行了实证检验。

第七章是"平台经济如何促进共同富裕"。本章在分析平台经济发展的重要性与现状的基础上，阐述了平台经济对共同富裕的促进作用，并从拓宽市场边界和推动公平竞争、带动就业创业和提升居民收入、创新消费模式和改善居民福利、保障公共服务和增进民生福祉四个方面，全面剖析了平台经济促进共同富裕的作用路径。

第八章是"农村电商如何促进共同富裕"。本章先明晰了农村电商发展的重要性与现状，后阐述了农村电商发展对共同富裕的促进作用，并从农村电商发展助推要素流动和优化配置效率、扩大市场范围和拓宽增收渠道、加速城乡融合和激发良性互动、产生溢出效应和带动周边发展四个方面进行了系统论证。

第九章是"数字经济促进共同富裕面临的挑战与建议"。本章从数字技术、数据要素、数实融合发展、数字鸿沟、数字公共服务、数字普惠金融、平台经济监管、农村电商、数字配套制度建设九个方面，详细剖析了数字经济促进共同富裕面临的挑战，据此提出了具有较强针对性和可操作性的政策建议。

第二章

数字经济如何促进宏观

经济增长

宏观经济增长是共同富裕的基础

　　共同富裕的实现，需要坚实的物质基础，而宏观经济的持续增长，则能提供可靠的物质保障。宏观经济的不断增长不仅创造了更多的财富和就业机会，也提供了更多的资源来提高人们的收入水平，并满足人们对教育、医疗和住房等的需求。目前，中国的经济发展已取得举世瞩目的成就，已经具备了实现共同富裕所需要的必备物质基础。因此，推动宏观经济的持续增长，有助于为共同富裕的实质性进展创造必要的基础条件。

　　然而，目前中国经济的增长面临着不小的挑战。改革开放四十余年来，中国经济保持了高速增长，但人均国内生产总值（GDP）和发达国家相比仍然有一定差距，经济总量庞大但人均 GDP 不高的现状仍旧严峻。未来中国经济能否保持高速增长，面临着一系列挑战。第一，劳动力成本不断上升。随着中国老龄化程度的加深以及生育率的下降，未来中国的劳动力供给将不断下降，劳动力成本不断上升，人口红利将逐渐消失。第二，科技创新能力还不够强大。宏观经济的进一步持续增长，需要科技创新发挥推动作用，但目前中国的科技创新能力还没达到非常高的水平。而科技创新的进步，还需要一段时间的努力，短期内的宏观经济增长还难以依靠科技创新。第三，固定资产投资的增长空间逐渐收窄。改革开放以来，中国固定资产投资高速增长，基础设施建设日趋完备。从总体上看，固定资产投资已很难进一步高速增长，因而通过投资来拉动经济增长，难以持续。第四，消费的增长乏力。随着经济发展的不确定性增强，居民的消费意愿日趋保守，消费需求疲软，市场活力不强，难以高速增长。第五，国际市场的需求增长已接近饱和。中国自 2001年加入世界贸易组织以来，出口飞速增长，目前是世界第一大出口国。但国际市场对"中国制造"的需求增长不是无限的，目前已经放缓。而且目前国际形势错综复杂，也限制了国际市场的需求增长。

　　总体而言，中国仍然是一个发展中国家，因此在现阶段，发展依然是第一要务，发展依然是解决中国问题的基础和关键。共同富裕的目标也是要求在实现宏观经济增长的过程中，动态地缩小贫富差距，即在"做大蛋糕"的基础上"分好蛋糕"，共同富裕的本质是在多重约束下改变现有的生产函数，实现高质量发展与全民共建共享的有机结合。

但是，发展并不容易，一系列因素会限制未来中国经济的高速增长。如果需要促进宏观经济的持续增长，需要寻找新的动力。

数字经济的兴起，为宏观经济的持续增长提供了新的动力。中国高度重视数字经济的发展。党的二十大报告指出，"加快发展数字经济，促进数字经济和实体经济深度融合"。《中华人民共和国国民经济和社会发展第十四个五年规划和2035年远景目标纲要》第五篇，专门论述了"加快数字化发展，建设数字中国"，并指出"促进数字技术与实体经济深度融合，赋能传统产业转型升级，催生新产业新业态新模式，壮大经济发展新引擎"。也就是说，数字经济依托数字技术，能为现有经济体系注入发展活力，能促进宏观经济的进一步持续快速增长。

数字经济对宏观经济增长的促进作用

数字经济的发展对于中国宏观经济增长具有举足轻重的作用。从宏观数据来看，根据国家互联网信息办公室发布的《数字中国发展报告（2022年）》，2022年数字经济在中国经济总量中的比重已达41.5%，名义增速达10.3%，高于宏观经济的增速。也就是说，数字经济在宏观经济中的比重日益提升，已成为经济增长的重要动力。实际上，全世界都是如此，因而中国更要重视数字经济的发展，不能失去重大发展机遇。从发展现状来看，随着中国数字红利的持续释放，以及数字技术对各个领域的加速渗透，数字经济正推动生产方式、生活方式和治理方式深刻变革，与此同时也将深刻改变中国经济发展的逻辑。总体而言，数字经济的发展对于宏观经济的促进作用也已得到广泛认可与验证，尤其是在经济高质量发展转型的时代背景下，数字经济相比于传统的农业经济与工业经济形态，拥有更大的增长动力与更强的竞争优势，因而数字经济对宏观经济增长具有更强的促进作用。

从数字经济对宏观经济的作用机制来看，数字经济有望从数据要素、数字技术、要素配置、产业数字化、业态创新等方面构筑宏观经济增长的新优势。第一，数据要素作为数字经济时代的全新生产要素，具有规模经济、低成本复制、非竞争性等特点。区别于传统生产要素边际收益下降的必然趋势，数据要素的使用将激发其生产的规模效应与网络效应，从而强化经济增长的动力。数据要素与劳动力、资本、土地等传统要素一道纳入生产，表征投入产出关系的生产函数的内涵得到丰富，产出得以增加。第二，数字技术赋能经济增长。随着数字技术的应用和进步，经济发展的技术前沿不断拓宽，传统生产函数中代表生产技术水平的技术系数得到提升，投入产出的效率得到提升，为经济增长开辟了新的可能。第三，数字经济的发展，能改善生产要素的配置效率。数字经济能够提供海量信息，缓解传统经济所面临的信息不对称难题，减少市场摩擦，优化生产要素的配置，提高生产要素的使用效率。而且，数字经济能够降低市场主体之间的交易成本，包括信息搜寻成本、交通成本、追踪成本和验证成本等，进而提升市场运行的有效性，从而促成交易、改善社会福利、促进经济增长。第四，随着数字技术在传统产业中渗透的加深，传统产业的数字化不断加速，其价值得到提升，进而促进经济增长。数字技术的应用加速了制造业和服务业的数字化转型升级，产品和服务的附加值得到提升。而且，产业边界日益模糊，产业融合不断加深，与此同时产业结构实现了优化升级，有效提高了传统产业在价值链中的位置，从而推动了经济的高质量发展。第五，伴随数字技术的创新和进步，新兴业态和商业模式不断涌现，如平台经济、共享经济等，成为新的经济增长点。数字技术能够推动市场形成创新型商业业态，将市场竞争模式从价格竞争逐渐转变为创新竞争，从而以创新促进经济增长。

数字经济不仅在理论层面得到了多维度的论证，就现实生活与生产中的应用而言，数字经济正在向经济发展的各个领域持续渗透与赋能。从数字经济的具体形式来看，数字经济在数据、设施、平台与金融等领域已实现了较深程度的应用。无论是数据要素从技术进步层面拓展了生产可能性边界，还是数字基础设施从物理意义上实现了信息的触达，或是平台经济在无形中连接各方实现需求的扩张，又或是数字金融从资金流动与配置层面惠及更广阔的人群，数字经济都正在悄然编织着一张巨大的网，以更加全面、深刻、多样、包容的姿态，持续地赋能百业，推动经济发展的变革。

在消费领域，数字经济的发展催生了中国规模庞大的电子商务市场。网络购物成为数亿人的日常消费方式，"双十一""六一八"等网络购物节日的兴起，成为数字经济时代消费文化的代表。数字经济时代的消费，也为共同富裕贡献着力量。在中国脱贫攻坚与乡村振兴的伟大事业中，淘宝、京东、拼多多等电商平台为电商助农做出了重要的贡献。互联网平台以日臻完善的物流网络为基础，以受众广泛的直播带货为媒介，让各个地区的农户无差别地得以将各种优质农产品售往全国甚至全世界，这在拓展中国消费市场多样性的同时，也大大缓解了农村地区就业与创收的难题。根据阿里研究院的统计数据，以所在村级单位的电子商务销售额（每年1000万元及以上）与活跃网店规模（100家及以上，或活跃网店占当地家庭户数10%及以上）为标准进行"淘宝村"的认定，截至2022年，全国"淘宝村"的数量已经达到7780个，同比增加11%，遍及东部沿海及中西部地区。"淘宝村"通过当地特色农业、制造业的经营实现了致富并振兴了乡村产业，手机成了"新农具"，直播成了"新农活"，数字基建翻山越岭连通起中国的每一寸土地，普惠金融真正实现了闲置资本的有效利用，数据要素不断活跃，将市场活力传递到每一个经济单位，将人民追求美好生活的奋斗带到每一个乡镇与村落。

在生产领域，数字经济的发展让"中国制造"上了一个台阶。与消费市场的数字化赋能相对应，中国的制造业在数字经济时代焕发了新的生机，"智能制造"逐渐成为高端制造的代名词。作为智能制造模式的典范，"灯塔工厂"完美利用了智能制造的优势，采用大数据、人工智能、物联网等技术，实现了生产过程的数字化、智能化和网络化，生产环节高度协同，生产过程数据实现了可视化和实时监控，有效提高了生产效率和质量。同时，"灯塔工厂"注重绿色低碳的生产理念，采用清洁能源、循环利用等可持续发展的技术，减少对环境的污染，提高资源利用效率。"灯塔工厂"也倡导共享经济理念，工厂与供应链上下游企业共享信息，实现协同生产和物流配送，进一步提升了生产效率和响应速度，实现生产效益和社会效益的双赢。数字经济对于生产领域的赋能，推动着中国制造业从劳动密集型不断向资本技术密集型转变，从低附加值、高污染向高附加值、更低碳转型，在保障中国制造业体系自主完善的同时，进一步推动着经济的高质量发展。

投入新要素与新技术

数据作为一种全新的生产要素投入生产经营过程中，是数字经济时代最为典型的特征，也是与农业经济时代和工业经济时代的重大区别。在农业经济时代，最主要的生产要素是劳动力和土地；工业经济时代加入了资本这个核心的生产要素。在任何经济形态下，都有一定的技术水平。在数字经济时代下，数据作为一种全新的生产要素投入生产中，推动经济增长，而且大数据、人工智能、云计算、互联网等数字技术的应用，体现了技术进步，在同样的生产要素水平上，能增加更多的产出，即促进经济增长。

数据作为全新的生产要素，促进经济增长。宏观经济增长理论认为，整体经济的产出，是建立在劳动力和资本等传统要素投入的生产函数基础之上。在经济潜在产出给定的前提下，加大要素投入的数量和优化要素比例能够使得产出规模向潜在最优产出靠近。这一传统经济增长范式更加契合工业经济时代的经济增长逻辑，即加大原材料与设备投入，提高产出，通过规模化生产摊薄成本，细化生产分工、提高经济效率。而在生产函数中加入数据要素之后，数据与劳动力、资本等要素一同成为生产活动的投入品，且由于数据要素拥有规模经济、低复制成本、非竞争性、外部性、即时性等区别于传统要素的经济特征，数据要素的加入必然为经济增长带来动力。从微观层次来说，可以观察和分析企业的生产行为。随着数字经济的持续发展，市场积累了海量的有关消费、生产的信息，这些信息可以通过数据要素的形式进入企业生产环节。企业可以通过大数据分析技术来挖掘数据要素背后隐藏的偏好、需求、供给、生产经营相关的信息，并将市场信息与实体要素相结合，从而更加精准地进行生产决策，即生产什么、如何生产、为谁生产。从而能更好地满足市场需求，改善供给结构，扩展市场需求，最终促进经济增长。

数据要素以技术进步的形式赋能经济增长。宏观经济增长理论指出，随着数字技术的应用，传统生产函数中代表生产技术水平的技术系数得到提升，从而促进经济增长。与传统的生产要素相比，数据要素可以通过不同的渠道，以不同的方式参与到生产过程中。数据要素的深度应用，不仅使得大数据、人工智能、云计算、互联网等数字技术渗透在生产过程中，而且使得企业的数据分析与处理能力增强，进而提升生产的技术水平，从而实现经济增长。例如企业能够基于电商平台用户的搜索、收藏与购物大数据，结合人工智能分析，通过云计算开发一套"千人千面"的精准营销算法，进行用户的定制化营销，提高营销效率，实现推广业务的创新进步。不仅如此，在工业应用中，企业可以基于生产设备与生产数据开发可视化监控系统，实现生产原材料精准投放、优化生产作业的精度，进而实现技术进步，提高生产效率。相关的研究发现，制造业企业的大数据发展能够显著提高生产效率，数据要素已经成为数字经济时代提升制造业企业生产效率的强劲驱动力。

随着数据要素确权、定价和交易体系的完善，数据作为生产要素的价值有望得到充分释放，促进经济增长的前景可期。首先，数据的确权，能够建立数据所有权和使用权的合理分配机制，鼓励数据创造和收集者进行更多的投入，进而不断提高数据要素规模、改善数据要素质量。而且，通过建立合适的法律框架和技术手段，能确保数据的产权、使用权和控制权明晰，避免数据滥用和侵权。其次，数据的定价，能为数据要素赋予经济价值，从而能够更好地反映数据的实际价值。在此基础上，激励数据生产者和使用者进行交易，满足数据需求者的创新创造需求，进而提高数据要素的配置效率，改善数据市场活力。最后，数据的交易，是实现数据价值流通的方式。数字技术则为数据交易提供了更多便利，包括智能合约、区块链等，数据交易的机制能够促进数据的流通和共享，加强不同主体之间的合作和协同，激发跨领域合作，推动创新和技术进步，从而促进宏观经济的全面增长。

提升要素配置效率

数字经济的崛起，为要素配置效率的提升创造了前所未有的机遇。在数字经济时代，承载大量信息的数据要素在市场中变得如同流动的"血液"，有效地推动着市场的运行。数据要素的高效流动特性，使得传统经济所面临的信息不对称难题、交易成本难题等，都得到了有效的缓解。进一步地，使得劳动力、资本、技术等传统生产要素的配置效率得到进一步提高。也就是说，数字经济的发展能够在很大限度上缓解传统要素相对低效的难题，优化生产要素的配置，盘活经济发展的脉络，实现经济高质量增长。

数字经济为市场提供了海量信息，缓解了传统经济所面临的信息不对称难题。在数字经济时代信息高速流通的背景下，市场主体通过信息的传递和交换，可以加速信息流通，从而缓解信息不对称，提升市场效率。具体而言，在互联网世界，淘宝购物评价、大众点评美食评价、小红书生活社区、豆瓣书影点评、脉脉求职社群等多样化评价机制构筑起规模庞大、面面俱到的线上声誉体系。以产品分享推介为核心的"种草"文化迅速发展，结合传统"口口相传、奔走相告"的形态与数字环境下更加丰富的产品信息，数字经济为用户创造了更加透明的市场环境。尽管评价体系中仍存在着

"好评返现""刷单"等直接影响声誉的不诚信行为，但随着同类型评价平台的拓展，消费者除了可以"货比三家"也可以"厂比三家"，利用信息即时可得的便利在多平台、多论坛之间进行全面了解，提升消费端与需求端的信息对称程度，市场交换效率将会随之提升。

数字经济为市场提供了低成本的丰富信息，降低了经济运行的交易成本。数字经济的发展能够提高市场的透明程度，有效降低信息搜索成本。具体而言，数字经济的发展使得买卖双方得以通过网络平台等即时性媒介及时交换供需信息，这直接降低了买卖双方搜寻交易对象的成本。而且，在发布与搜寻交易信息的过程中，经济主体的行为会被记录，并转换为大数据。随着大数据分析技术、人工智能、云计算等技术的发展，基于这一系列大数据，电商平台可以通过匹配算法、智能预测、用户画像、精准营销等数字手段，进一步加速网络平台交易撮合的过程。在此基础上，消费者能够从种类繁多的商品中精准挑选所需物品，减少冗余信息干扰，而生产者能够从庞大的消费市场中精准甄别目标客户群体，实现更加高效地营销。

数字经济的发展能够有效改善劳动力的配置效率，从而促进经济增长。首先，数字平台和在线招聘市场使得企业可以更容易地寻找和聘用更加适合的人才，降低了招聘的成本和难度。同时，数字经济的发展使劳动力市场信息更加透明，劳动力可以更容易地了解不同行业的薪酬、就业前景等信息，从而做出更明智的职业选择。也就是说，求职者可以更容易地找到适合自己技能和兴趣的工作机会，降低匹配成本。其次，数字技术可以优化劳动力资源管理，包括员工培训、监督管理、绩效评估等。网络监控等数字技术在企业的应用，有助于企业更有效地配置和管理劳动力资源。再次，数字经济使远程工作成为可能，劳动力可以在不同的地点工作，各种在线协作工具的发展不断优化远程工作提升其便捷性，这使得企业员工不再局限于传统的办公室环境，这种灵活性可以提高劳动力跨地区的配置，改善劳动力效率和生产力。最后，数字经济可以提供在线培训和继续教育资源，帮助劳动力获取新的技能和知识。随着企业数字化转型的加深，低技能劳动力的需求下降，高技能劳动力需求不断上升，新加入市场的劳动力的技能水平日益提高，原有的低技能劳动力也有动力通过学习提高其劳动力水平，劳动力市场技能结构不断优化。特别是对于尚未踏入社会的大学生而言，这样低成本、高效率、强时效性的数字工具有助于提高劳动力的适应性，使其更好地匹配不断变化的就业市场需求，提升劳动力的配置效率。

数字经济的发展能够提升资本的配置效率，从而促进经济增长。资本作为传统经济中最为重要的生产要素之一，其配置效率受到多方面因素的约束。其中之一，就是传统金融机构普遍存在的"惜贷"现象。资金流越是充裕的大型企业,其融资愈加容易,而资金流紧张的中小微企业,则面临着严重的外部融资约束,借贷资金错配严重。随着数字技术在金融领域的应用加深,资本的配置效率会不断提升。首先,利用大数据分析和人工智能等前沿技术,银行可以更准确地评估中小微企业的信用风险。通过分析客户的财务信息、生产经营情况、销售活动等,银行可以建立更全面、精确的信用评估模型,从而更好地决定是否放贷以及贷款的利率和额度,并进行更精准的风险控制,有效缓解传统金融机构普遍存在的"惜贷"现象。其次,利用人工智能等数字技术,银行可以实现提升借贷流程的自动化程度,加速贷款审批流程,比如对于客户的财务信息、生产经营情况等进行自动审核,减少人工干预和等待时间,提高放贷效率。再次,数字技术的发展进一步降低了融资的门槛,银行可以利用手机数据、社交媒体活动、移动支付数据、租房记录等信息评估借款人的信用,优化传统征信体系,从而为没有传统信用记录的人群提供融资机会。最后,利用大数据和区块链等数字技术,银行可以更好地跟踪企业的供应链信息,更准确地评估和监控供应链中的各个环节,从而使得中小微企业得以更便捷地获得融资支持。通过为供应链上的企业提供融资支持,降低了运营风险,提高了融资的可及性,帮助企业解决了流动资金问题。也就是说,供应链金融的发展不仅能提高资金流动，而且能促进企业创新和扩张，提高整个供应链的效率，推动产业链的协同发展，提高了资本的配置效率。

数字经济的发展能够加速前沿技术的扩散，从而改善技术的配置效率，进而促进经济增长。首先，数字经济通过互联网和通信技术将个体、组织和市场连接在一起，这使得技术传播更加迅速和广泛，人们可以轻松地获取和共享技术信息，加速了技术的扩散，大到企业间研发技术和资源的协作共享，小到个人通过短视频平台学习生活技能，数字技术提高了技术的配置效率。其次，通过数字技术，企业可以更精准地获取市场信息、消费者反馈和竞争态势，从而更有针对性地进行技术研发和创新，大数据分析、人工智能等工具使得企业能够从海量数据中识别趋势、预测需求，准确预测技术的方向，从而调整企业技术研发的资源投入，改善其配置效率。最后，云计算和开源技术等的发展，降低了技术开发成本，降低了初创科技公司的进入门槛，从而加速了新技术的落地。并且，数字化协作工具和开放创新的理念进一步推动了跨组织、跨地域的合作贡献，加速了知识交流和创新的过程，从而提升了技术的配置效率。

赋能传统产业升级

在数字经济时代，农业经济时代与工业经济时代的很多传统产业仍然存在，但由于数据要素的渗透，随着互联网、人工智能、大数据、云计算等新兴数字技术的深入应用，这些传统产业不断得到新的发展，不断升级，体现为产业数字化的过程。产业数字化是传统产业利用数字技术对业务进行升级，进而提升生产的数量以及效率的过程。产业数字化是数字经济在中观产业层面实现赋能的典范，通过赋能产业升级、推动产业跨界融合、重构产业组织竞争模式等，持续重塑产业发展的生态环境，实现产业链价值链优化提升，推动经济持续增长。

数字技术赋能传统产业，促进了产业数字化，成为数字经济的主体，加速经济的增长。在传统产业中，制造业占有重要地位。数字技术在制造业领域的持续赋能最终形成了具备数字化、智能化、网络化、数据驱动、共享协同等突出优势的"智能制造"模式。智能制造被认为是新一代信息技术、传感技术、控制技术、人工智能技术等在制造过程中的深入应用，是一种面向未来的制造范式，同时也是实现产业价值升级的有力支撑。在制造环节，数字化主要体现在对生产设备进行数字化改造，代表性应用包括高精度数控机床、自动化作业系统、工业机器人等。智能化则体现在通过应用人工智能技术，计算机能够对工艺过程设计、生产调度安排、故障诊断排除等场景开展分析、推理、判断与决策。相比于传统产业的生产模式，产业数字化通过引进计算机系统对于生产设备进行数字化控制，实现机器对于人力的替代，将劳动力从重复劳动中解放并配置于创新绩效相对更高的工作岗位。其结果，使得劳动密集型产业向资本密集、技术密集和创新密集型产业转型，从而提高产业生产效率、增加高端产品与服务的供给，推动产业向价值链高端延伸，有力助推宏观经济增长。

数字经济的发展打破了传统经济模式下产品与市场的固有边界，促进产业之间的融合，使得产业不断升级，从而促进经济增长。产业之间的融合被认为是工业经济与数字经济的重要区别之一。就制造业领域而言，多样化的市场需求推动着制造业与服务业不断深度融合，工业经济时代的单一产品或业务的商业模式逐渐被市场淘汰。与之相反，定制化产品与服务、产品与服务组合、产品增值服务、全面解决方案、涵盖全生命周期的服务等新的商业模式层出不穷。也就是说，在数字技术的赋能作用下，制造业与服务业的产业边界由清晰转向模糊。随着数据积累、大数据与人工智能技术的发展，企业能够更好地挖掘消费者的偏好，通过定制化产品与服务、涵盖全生命周期的服务等，充分满足不同消费群体的差异化需求，从而释放长尾效应的巨大潜力。与此同时，制造业也逐渐以消费者为中心，围绕产品提供相应的增值服务、全面解决方案等，进一步挖掘了市场潜能。总体而言，在数字经济时代，产业之间的融合发展能够高效促进技术、信息和资源的整合，推动产业创新，激励跨界竞争，释放潜在需求并扩大市场边界，进而促进经济的高质量发展。

数字经济的发展，使得产业组织的竞争模式也发生改变，竞争单元从企业个体转变为产业生态。在数字经济时代，随着产品和服务从标准化、单一功能，向定制化、复合功能、数字化发展，围绕产品和服务的产业链较之以往不断拉长，且产品和服务涉及大量交叉内容。在这种情况下，单个企业的业务在短时间内难以满足产品和服务需求发展的迫切需要，跨界合作的现象日益普遍，以产业生态为单位的市场竞争单元逐渐取代个体企业间的产品竞争，产业内将形成以龙头企业为核心的生态体系，并且企业间的协作关系也将随之不断增强。在制造业领域，以智能家电产业为例，数字化、物联网等技术理念的发展推动家电产品从单一品类向"全套智能家居解决方案"的模式转型。对于海尔、美的等家电龙头企业来说，它们具备构建自身智慧家居生态并实现不同智能家居产品协同工作的能力。而对于规模较小的制造企业来说，它们可以选择与小米、华为等物联网生态初具规模的企业合作，将旗下产品按照生态标准接入平台，从而增强产品竞争力，提高产业附加值。产业竞争生态的形成使得不同产业之间形成相互依存、相互促进、协同发展的关系网络，通过资源的共享与整合，发挥企业间的协同效应，取长补短，减少资源重复投入，优化资源利用效率。此外，协同发展的模式有助于增强产业抵御风险冲击的能力，增强产业链供应链韧性，从而在促进经济增长的同时有力保障经济的稳定。

催生新业态新模式

在数字经济时代，数字技术的通用性特征，为新的业态的产生，为商业模式的创新，创造了基础和前提条件。技术创新是推动经济发展的关键因素之一，是经济增长最重要的驱动力之一。技术创新往往催生新兴产业、新兴业态、新兴商业模式，为宏观经济创造新的增长点。数字技术的发展，使得企业不再仅将数字化生态视作提高效率的工具，而是实现业态和商业模式创新的基础。在数字经济时代，数字产品的制造、数字技术的研发、平台经济的发展、在线办公等新业态、新模式等，都是传统经济中几乎不存在的，这些都成为宏观经济的新增长点。

数字产品的制造为经济的增长开辟了新的领域。数字产品制造这一新兴产业，为宏观经济实现了有效的增量提升，特别是以集成电路产业为代表的高科技的发展能够在多个方面推动经济增长。具体而言，首先，数字产品的制造依赖于技术创新和研发投入，以集成电路产业为代表的数字产品的发展需要大量的研发和创新投入。从设计到制造，数字产品制造的每个环节都紧随前沿技术的创新发展，这促使企业投入更多的时间和资源来开发新技术，从而拉动投资增长，在积蓄创新势能的同时为经济带来持续的增长动力。其次，数字化制造流程能够实现生产过程的智能化和自动化，降低了生产成本，提高了生产效率，这不仅能增强企业的竞争力，也为消费者提供了更具性价比的产品，实现"供给侧"优化的同时刺激消费，最终推动经济增长。再次，以芯片、通信终端等为代表的数字产品是数字经济的基础，这一系列数字产品的发展，驱动各类数字产品和服务的发展，高性能芯片能够为云计算、人工智能、物联网等领域提供有力支持，通信终端的普及提高平台经济、短视频等模式的渗透程度，不仅如此，数字产品的进步也会影响到医疗、教育、交通、金融等诸多领域，从而促进更广泛的经济增长。最后，数字产品制造创造了大量的就业机会，带动对于高技能人才的需求，科学家、工程师、研发人员等高技术人才的就业，能够提高整个劳动力市场的素质，充分发挥人力资本对于宏观经济增长的促进作用。

数字技术的研发，延伸了宏观经济的生产可能性边界，推动经济高质量增长。以人工智能为代表的数字技术具备通用特征，即广泛使用、技术互补、加速创新。通用技术的使用能够加速技术进步、提高劳动生产率，从而促进经济增长。具体而言，首先，作为新的通用技术，人工智能、大数据、云计算等数字技术的研发，能垂直应用到生产和服务领域，通过与实体企业生产运营的集成整合直接提高运营效率，并与现有的技术、产业、商业模式形成横向互补，推动了传统产业的升级和转型，从而使得企业可以提高生产效率、降低成本，从而提升产业竞争力，最终推动经济增长。其次，数字技术的研发降低了创新创业的进入门槛，增加了市场创新活力。例如，开源技术的开放性，能够降低创业者感知的风险，通过资源和技术的共享运用能够降低创业的机会成本、缓解市场信息不对称、减少市场扩张成本，并且吸引更多潜在的创业者加入创新创业的时代潮流，通过创新创业促使经济增长。最后，数字技术的研发，能使企业不断通过创新积累无形资产。通过数字技术的应用，企业创新的各个阶段的边界不断融合，日益模糊，进而使得数字创新的产品和服务呈现出快速迭代的特征，推动企业实现突破式创新，不断积累无形资产。这个过程加速了资本的深化，有力提高了资本对企业创新研发投入的支持，进而提升了企业的生产率。

平台经济的发展有力促进了经济增长。平台经济以数字技术为基础，构建了线上线下融合的商业生态，不断挖掘潜在的市场潜力、提高社会资源的使用效率、推动企业的业务转型，有力促进了经济的高质量发展。具体而言，首先，平台作为汇集供需双方的中介，能够集聚大量用户和资源，从而能够将供应商与更大范围内的潜在需求方连接起来，扩大市场边界、提高市场规模，促进了跨界合作和国际贸易，这有助于企业拓展业务，增加销售和收入。其次，平台经济的发展有助于形成网络效应和规模经济，大规模用户参与促进了创新和新业务模式的涌现，激发了经济增长的新动能，规模效应降低了交易成本，促进了资源的高效配置，从而提高了生产效率。再次，平台经济的发展有利于资源在社会层面更好地共享和利用，从而能够减少浪费、提高资源利用效率。最后，平台经济的发展可以优化技术市场和金融市场的资源配置问题。作为一种跨区域的市场机制，互联网平台经济有助于加强区域市场竞争，改进资源利用和匹配效率，而且这种机制从产品市场逐渐传递至要素市场，有效改善了技术资源、金融资源等要素市场的失衡问题，进而推动经济的高质量发展。

各种新业态和新模式的层出不穷，为经济增长提供了源源不断的动力。新业态和新模式利用数字技术的创新，为经济发展带来了全新的机会和动力。这些新业态和新模式的出现，不仅满足了人们日益多样化的需求，还创造了新的市场机会，带动了创新和创业活动，成为经济增长的新引擎。新业态和新模式代表未来经济增长的新的重要方向。以互联网医疗和在线办公为例，它们以其独特的模式和效益，正成为经济增长的引擎。互联网医疗作为新的业态，借助数字技术改变了传统医疗行业的格局。通过在线医疗平台，患者可以远程就诊、咨询医生、获取医疗服务，使医疗资源得以更加合理分配，提高了医疗效率。互联网医疗能够减少面对面接触的风险，同时也提高了医疗机构的服务能力，这种创新不仅改善了患者的医疗体验，还为医疗产业注入了新的增长动力。在线办公则是新模式的代表，它通过数字技术实现了办公场所的虚拟化，在全球范围内，越来越多的企业和员工选择在家中或其他地方在线办公，这种模式不仅提高了员工的工作满意度、灵活性和工作效率，还减少了办公场所的成本。同时，在线办公促进了企业投资于在线协作工具和沟通技术，推动了数字经济的发展。此外，在线办公模式还有助于解决交通拥堵、城市承载能力等问题，促进了城市可持续发展，最终有利于经济的持续增长。

本章小结

　　数字经济对于宏观经济增长的促进作用从理论和现实中不断得到验证。数字经济时代诞生的新形态，如数字产品、平台经济、智能制造等，正持续改变着我们的生产和生活，人们对于更加美好生活的需求不断得到满足。与此同时，持续高质量地推动中国经济的增长。

正如本章所述，从数字经济推动经济增长的作用机制来看，第一，数据要素是数字经济区别于传统经济形态的主要特征，也是数字经济时代宝贵的生产要素之一，数据要素的引入颠覆了传统经济的增长模式，并且通过技术进步来推动经济增长。第二，数字经济的发展有效提升了生产要素的配置效率，能够降低市场的信息不对称与交易成本，提升劳动力、资本、技术等生产要素的配置效率，为经济的发展扫清障碍，保障经济的有效运行。第三，产业数字化转型是数字经济在中观层面的主要应用，在促进传统产业转型升级的同时，也很大限度地促进了产业之间的融合以及产业生态发展，不断优化中国的产业发展。第四，数字技术的研发，催生出一系列全新的产业、业态、商业模式等，从而优化了供给，激活了市场需求。数字经济的发展为人类社会带来了一系列可感知的变化，令人震撼且影响深远，而这种变化仍未待续。畅想未来，虽然我们难以预知数字技术的迭代与数字技术应用的走向，但可以肯定的是，数字技术变革日新月异，数字经济的发展也将持续赋能我们的生活，推动宏观经济不断增长，实现中国经济的高质量发展。

第三章

数字经济与城乡差距

城乡融合发展的重要性与现状

党的二十大报告中指出，"全面推进乡村振兴……坚持农业农村优先发展，坚持城乡融合发展，畅通城乡要素流动"。重塑新型城乡关系，推进城乡融合发展，是工业化、城镇化、农业农村现代化发展的必然要求，是协调推进乡村振兴战略的重要抓手。目前中国社会的主要矛盾为人民日益增长的美好生活需要和不平衡不充分的发展之间的矛盾，城乡发展不平衡、农村发展不充分是主要矛盾中亟待解决的重要内容。因此，城乡融合发展是破解新时代社会主要矛盾、解决发展不平衡不充分问题的关键点。解决城乡差距是贯彻以人民为中心的发展思想的重要体现，充分发挥农村居民在城乡融合发展中的主体作用，调动其积极性、主动性和创造性，提升获得感。从推进城乡统筹、城乡一体化到城乡融合发展，是中国式现代化发展到一定阶段的必然要求，充分考虑城乡差异，以城带乡，着力推动城乡融合发展，有利于促进社会公平，消除社会矛盾问题，从而提高社会的凝聚力和稳定性，实现共同富裕。

但是，长期以来的城乡二元结构以及一些体制、机制上的弊端，导致城乡间差距较大，主要体现在收入水平、生产要素配置、基础设施以及公共服务等方面。第一，收入差距明显。根据国家统计局的数据，2022 年城镇居民人均可支配收入为 49 283 元，农村居民人均可支配收入为 20 133 元，前者是后者的 2.45 倍，可见城乡间收入差距依然明显。第二，生产要素配置不均衡。城乡要素流动体制机制存在壁垒，生产要素错配严重偏离理想状态，农业转移人口市民化机制不健全，人才返乡入乡创业激励政策不完善，针对农业农村的财政资金和社会资金投入比例有限，农村金融服务体系程度较低，农业科技服务的有效供给能力和效能明显不足，生产要素错配是制约城乡融合发展的重要因素。第三，农村基础设施存在短板。目前农村建设资金不足、运营管理效率低下、高素质人才短缺、配套制度不完善。相较于城市，农村道路网络不够完善，供水供电设施不稳定，通信网络覆盖率有限，缺乏有效排水和防洪设施，限制了发展和参与现代社会的能力。第四，公共服务均等化程度差异大。农村公共服务供给质量总体水平不高，教育文化服务、医疗卫生服务和社会保障服务成为提升农村公共服务供给质量的短板。农村教育资源匮乏，教育质量参差不齐，医疗设备不完备，诊疗质量不稳定，另外在社会保障方面，城乡差异同样显著，农村社会保险普及程度较低，养老金水平不高，失业救助体系不健全等，会影响城乡公共服务均等化发展。以上城乡差距问题皆是共同富裕实现的重要阻碍。

在实现中国式现代化进程中，把缩小城乡差距摆在首位，让发展成果更多惠及人民，是一个艰巨又复杂的过程。缩小城乡发展差距是实现共同富裕的基本前提，特别是要解决收入差距问题。收入差距过大，会影响社会心理、社会秩序、社会结构以及社会制度的公正和权威，要实现全体人民共同富裕的远景目标，必须着力解决收入分配差距较大的问题。可以通过从生产要素配置优化、产业结构升级以及政府支出等方面入手缩小城乡收入差距。生产要素方面，土地要素在城乡之间的再配置可以通过提升城镇化水平、提高就业率以及促进制造业发展等途径缩小城乡收入差距；金融发展能直接缩小城乡收入差距，并且还可通过经济增长间接缩小城乡收入差距；人力资本投入通过改善劳动者的技能水平、提升社会人力资本存量、推动劳动力在产业间的流动和配置，促使居民增收和产业发展。另外，通过产业结构升级、财政支出也可以有效缓解城乡收入差距。但是这些因素还无法彻底解决城乡差距问题，随着科技的迅速发展和数字化进程的加速推进，数字经济发展在改变人民生活方式的同时，为缩小城乡收入差距实现共同富裕带来了新机遇。

数字经济以数字技术为支撑赋能经济社会发展，其普及性、服务性和规范性不断扩大。截至 2022 年 12 月，中国农村地区互联网普及率为 61.9%，城镇地区互联网普及率为 83.1%，城镇地区互联网普及率约为农村地区的 1.34 倍，这个差距是比较小的，互联网相关的数字经济有望提高农村居民收入，缩小城乡收入差距。数字经济发展日益成为国民经济增长的核心战略，能够提高生产效率、资源配置效率、创新效率、交易效率、组织效率和产业融合效率，对经济高质量发展具有显著的促进效应。在信息技术的支持下，数字经济以数字化、网络化和智能化为特征，能产生信息化驱动、网络化连接、智能化应用以及数字化交易等。在此基础上，实现信息高速流动和共享，促进要素资源优化配置，增加就业和创业机会，加快产业转型升级，完善公共服务均等化等，逐步缩小城乡收入差距，实现共同富裕。

数字经济对城乡差距的缩小作用

总体来说，数字经济发展可以通过提高农村经济发展水平、促进城乡生产要素流动、缓解信息不对称问题来缩小城乡差距。第一，数字技术的应用通过提高农村生产效率、改进农产品销售渠道、便捷金融服务等方式，提高农村经济发展水平，为农村经济增长注入新动力，从而缩小城乡收入差距。第二，数字经济发展有助于促进城乡生产要素的流动，提高劳动力、资本、土地、信息和数据等生产要素的配置效率，减少城乡要素错配，优化城乡利益关系，对缩小城乡差距促进作用明显。第三，数字经济发展有助于加快信息传输速度、降低数据处理和交易成本，提供更加丰富的信息和更高的市场透明度，拓宽市场边界，减轻了市场参与者信息获取和传递的不平衡现象，从而削弱城乡居民间信息不对称问题，缩小城乡收入差距。

具体来看，数字经济为农村发展带来信息获取、市场接入和技术支持的机会，促进农业现代化发展，增加农村居民收入，助力农村可持续发展。数字经济已经成为经济增长的新动力，颠覆了传统经济模式，有助于缓解城乡收入不平等。第一，数字经济发展增加农村居民就业机会。依托数字化技术，降低就业信息搜寻成本，精准了解市场需求，催生新兴产业，产生全新商业模式。此外，农村居民通过在线教育培训，提高技能和知识水平，匹配新兴产业和市场需求。第二，数字经济发展提升农村居民创业机会。数字技术为农村创业者提供了更丰富的创业信息和多样化的创业选择，通过在线平台，他们能够获取全球市场的动态，拓宽创业范围。同时，数字化金融工具也缓解了融资约束，让农村创业更容易获得资金支持。这些因素共同助力农村创业者获得更广阔的商业机会。第三，数字经济发展促进城乡市场一体化发展。数字技术为城乡生产要素流动提供了便利通道，实现产品市场深度融合。通过数字平台，农村产品能够跨越地域障碍，降低信息不对称风险，提高交易效率，促进城乡市场均衡发展。第四，数字经济发展赋能农村产业结构升级。通过数字技术应用为传统第一产业赋予升级动力，同时推动农村第二产业发展。此外，驱动了农村产业结构向高附加值、多元化方向升级，推动第一、第二、第三产业的融合发展，为农村经济的可持续增长提供有力支持。第五，数字发展推动城乡公共服务均等化。数字技术应用有助于基础设施建设，加速了信息传输和城乡互连；数字化教育培训平台的兴起，为农村地区居民提供了知识获取的途径，缩小了教育差距。数字技术应用改善了医疗信息管理与远程医疗，提升了医疗服务的质量和可及性。同时，数字化手段也增强了政府治理效能，提升信息的透明度、公众参与度和服务响应程度。总之，数字技术能够促进农村经济的多元化发展，实现城乡协调发展，确保全体人民共享发展成果，缩小城乡差距，实现社会的可持续繁荣，进而实现共同富裕。

增加农村居民的就业机会

在数字技术的驱动下，数字经济为农村地区提供了丰富的信息资源，有效降低了就业市场中的信息搜索成本，催生了更为丰富的就业选择，这一变革不仅孕育了新兴产业，也为就业市场开拓了崭新的渠道。同时，数字经济的崛起也创造了在线教育培训机会，从而协助农村居民提升其职业素养，这种能力的提升有助于增强在就业市场中的竞争实力，从而提升农村居民收入，进而缩小城乡收入差距。

降低就业信息搜寻成本。数字经济发展能提供多元化信息，为农村居民提供更多就业选择和机会。农村居民能在数字化平台中获得海量信息，有效信息能够提高经济主体参与市场能力，推动其积极参与经济发展过程，促使农村富余劳动力向城市流动，产生非农业收入从而缩小城乡收入差距。另外，数据要素有助于打破劳动力市场信息壁垒，经过大数据分析使得进城务工农村富余劳动力能够低成本精准适配就业岗位，降低搜寻工作时间成本，从而加快城乡融合发展。

催生新兴产业，提供新的就业岗位。随着人工智能、大数据分析、物联网等技术的应用，许多新兴领域，如智能农业、数字化农村旅游、农村电商物流等，为农村居民提供了更加丰富的就业机会。数字经济打破了空间限制，为远距离工作创造了条件，有助于优化跨空间劳动力资源配置，电子商务、短视频、在线直播等新兴数字业态为远距离、低收入人群提供了新的就业机会。另外，数字经济发展让大量服务业就业岗位被释放出来，如工业智能化会降低制造业就业岗位份额，提升现代服务业就业份额，例如外卖、快递等新兴服务业为农村居民提供了新的就业机会，增加了其非农业收入。同时，数字经济的出现吸引更多人才"下乡""回流"，人才回流机会的增加，带来了技能和经验的传播，从而改善农村居民在就业市场的弱势地位，缩小收入差距。

推动在线教育培训，为农村居民提供了技能提升的机会。数字经济的兴起降低了信息传输成本，并加速了知识创新、传播和共享速度。在线教育等形式为边远地区和低收入人群提供了更多的教育机会，有助于提升劳动技能，进而缩小收入差距。随着新技术的不断涌现，农村居民有了学习数字技能、网络营销、电子商务等领域知识的需求，通过培训，农村居民可以提高自己的职业素质，更好地适应数字经济时代的就业需求，提升劳动水平，发展增收能力，从而缩小城乡收入差距。

综上所述，数字经济发展为农村居民就业机会的增加提供了有效支撑作用，通过数字经济发展降低信息获取成本，促进新兴行业发展，推动在线教育培训等，可以更好地释放数字经济的潜力，为农村居民增加就业机会，让农村居民分享到数字经济发展红利，实现就业机会的持续增加和经济的高质量发展。

提升农村居民的创业机会

长期以来，受制于交通运输、信息不畅等因素，农村居民创业机会相对有限，但随着数字技术的普及和应用，农村创业正焕发出新的活力。激发大众创业是数字经济释放高质量发展红利的重要机制，同时也为农村居民创业提供了强大的动力和丰富的机遇。传统农村创业通常涉及与农业、手工艺和当地资源相关的商业活动，这些创业机会与农村地区的自然条件和文化传统紧密相连。依托数字技术与数字化转型，数字经济正在改变着传统的农村经济格局，为创业者们创造了一个全新的舞台，为农村经济发展带来巨大的影响。

提供更加丰富的创业信息。数字经济发展为创业决策提供了交流平台和信息基础，保证了市场信息质量和来源，为创业者提供了更多创业机会和商业灵感。首先，数字经济为农村居民提供了广泛的信息渠道，农村创业者可以获取丰富的市场分析、消费者洞察和竞争动态，能够更全面地了解市场、行业和竞争环境，有助于构建准确的商业模式和定位策略。其次，电子商务平台成为创业者展示产品和服务的重要途径。创业者可以通过创建在线商店、展示产品图片和详细描述，实现与潜在客户的直接互动。这不仅拓宽了创业者的销售渠道，还为他们提供了与市场进行实时互动的机会，从而更好地满足客户需求。最后，大数据和数据分析技术为创业者提供了深入了解市场的工具。创业者可以分析大规模数据集，揭示市场趋势、消费者需求、竞争态势等信息。这有助于创业者制定更具前瞻性的商业决策，减少创业风险。数字经济在提供创业信息方面具有显著的作用，有助于提高农村居民创业者的创新能力和竞争力，增加非农业生产收入，进而缩小城乡收入差距。

提供更加多样化的创业选择。在信息技术迅速发展的背景下，农村创业已经不再局限于传统经营方式，并涵盖众多具创新性和前瞻性的领域，如农村电子商务、智慧农业、农村文化产业等。首先是农村电子商务。电子商务是数字经济催生的重要创业领域之一，通过提升创业水平、增加非农就业以及提高土地流转的概率显著提高农户收入。其次是智慧农业。智慧农业也是数字经济发展中备受关注的领域之一。数字技术的应用使农业生产更加智能化和精细化，如无人机巡查、智能灌溉等，农村创业者可以依托大数据分析，开展现代化的农业经营。最后是农村文化产业。以传统农村文化为基础，结合数字技术的文化衍生品也为农户提供创业机遇。数字经济发展打破传统销售渠道，为农户创业提供了更广泛的市场机会。

拓展农村创业可达的市场范围。传统农村创业者受制于交通和通信条件，一方面，交通问题阻碍了农产品销售和流通，限制了城乡市场间联系，进而制约了收入增长；另一方面通信条件不健全影响农村创业者获取市场需求和供应链信息，阻碍与潜在客户的沟通与合作以及决策制定，使得农村创业者在市场竞争中面临困境。数字经济的快速发展为企业和创业者提供了更广阔的商机和发展空间，数字技术的跨越性质使得市场的地理和边界限制逐渐淡化。通过互联网平台，扩大了市场边界，企业可以轻松实现城乡范围内的销售和交易，数字化市场融合不仅提供了更大的消费者基础，还为城乡融合发展提供了便利。另外，从既定市场规模来看，线下市场依然存在，线上市场越积累越丰富，有市场替代但总体没有缩小，故市场在扩大。不仅提供了更多创业机会，还重新定义了市场边界和规则，推动市场的不断演变。总体来说，数字经济的发展为市场带来了全新的面貌。全球市场融合、个性化营销、多元化销售渠道、在线广告等都为农村居民创业创造了更大的发展空间。

缓解融资约束。传统金融机构常因高风险和低利润而不愿支持农村创业者，而且对抵押物和信用背景有很高要求。数字普惠金融因其低成本和便利性的特征打破区域壁垒，降低对农村居民的金融排斥程度，拓宽农村劳动力的创业机会，提升农村经济整体运行绩效。首先，借助人工智能、大数据等数字技术，金融服务更加便捷，数字金融为农村创业者提供高效便捷的融资服务，如贷款申请、资金结算和风险管理等，简化了审批流程，降低了融资门槛，促进了农村创业的发展。其次，金融服务更加精准。金融服务借助大数据采集、人工智能分析及应用等技术手段，更加精准地评估创业项目的风险与潜力，从而提供更为精准的金融服务，为创业者提供有针对性的融资支持，助力创业项目的成功与可持续发展。最后，数字金融平台也为农村创业者提供了融资、投资和风险分散等信息资源，有助于更好地了解掌握资金流动和投资情况。数字普惠金融既能够通过收入激励效应对农村创业活跃度产生积极影响，又能够显著缩小城乡居民收入差距，从而为城乡融合发展提供动力。

综上所述，数字经济发展为农村居民创业提供了创业信息、丰富了创业选择、拓展了市场范围以及缓解了融资约束，不仅在促进农村经济结构的多样性方面发挥了重要作用，还为农村居民带来了更为丰富的收益机会，从而在推进乡村振兴和可持续发展方向上注入了全新的动力。

促进城乡市场一体化发展

　　数字经济发展有低成本、信息传递迅速等特点，有助于城乡间信息交换、要素流动、商品流通等。城乡二元结构是制约城乡发展一体化的主要障碍，数字经济在破除城乡二元结构方面具有显著的潜力，促使城乡供需精准匹配，推动城乡融合发展。传统上，城乡市场间不平衡表现在信息获取、资源配置、市场机会等多个方面。数字经济发展通过畅通城乡生产要素流动、促进产品市场融合、提升城乡市场运行效率，有效推动城乡市场一体化发展。

　　畅通城乡生产要素流动。要素流动对于促进城乡市场一体化以及实现经济的高效运转具有重要意义，数字经济可以通过打破要素流动壁垒和完善管理制度等渠道缩小收入差距。资本要素方面，数字金融为资金流动提供了便捷性，有助于促进城乡金融一体化，提升农村金融服务的质量和效率。劳动力要素方面，数字化人才市场促使城乡就业市场双向流动，且人才的跨区域流动有助于城乡之间知识和技能的传递，促进了城乡的人力资源优化配置。技术要素方面，依托互联网、云计算、人工智能等技术，可实现城乡间技术升级和创新的快速对接，技术互动促进了城乡协同发展，加快了城乡市场一体化的进程。数字经济促使城乡要素在两个市场中精准对接和匹配，增加居民就业和创业机会，提高农村收入水平，推动城乡市场融合发展。

促进产品市场融合。受资源禀赋和地理位置、交通、通信等方面约束，城乡间产品和服务信息分离，无法高效流通。首先，数字技术和数字平台的发展打破城乡二元结构壁垒，可为农产品对接市场供需情况，缓解信息不对称问题，推动农业经济发展。其次，随着数字化平台用户数量的增加，数据信息数量也增多，提升产品服务质量的依据更清晰，从而吸引更多用户获取更多数据进一步提升产品服务质量，形成良性循环格局。最后，数字化平台可以便捷地实现信息的线上传输与交流，缩小城乡地区间语言差异带来的信息障碍，促进供需精准对接，为城乡要素双向自由流动提供便利，除农产品销售外，推动了康养、旅游、文化等附加产业发展，增加就业和创业机会，提高农村居民收入，缩小城乡差距，有利于乡村振兴和城乡融合发展。

提升城乡市场运行效率。数字平台低成本、高效率的特点，打破了市场地区限制，能够为消费者、生产者、竞争者等各方提供有效信息，提升交易效率，进而促进了市场的公开、公平和高效运作。首先，数字经济发展为市场参与者提供了信息平等传递的渠道，有助于消除信息不对称，使市场的所有参与者能够在更公平的基础上进行决策。其次，数字经济发展加速了市场中价格信息的传播和比较，市场价格趋向于更加准确地反映供求关系，加强了市场价格的合理性和透明性。最后，通过数字平台，使得投资者、消费者等市场参与者能够更及时了解企业的经营状况和决策动向等市场披露信息，便于进行投资、消费、生产决策等行为。通过大数据分析可以较快地实现供需双方信息的匹配，供给者可以更好地满足消费者的个性化需求，数字经济的快速发展深刻地改变了市场的信息传递和互动方式，显著提升了城乡市场运行效率。

综上所述，数字经济对打破城乡之间的壁垒和地区分割有重要意义，建设统一大市场，有利于经济增长和促进不同地区间均衡发展。通过数字技术的应用，城乡市场之间的要素流动更加畅通，产品服务市场融合度更高，城乡间市场运行效率加快。通过创新的商业模式、科技的应用以及数字化的互动方式，有效增加了就业和创业机会，提升了农村居民收入，从而更好地推动了城乡市场的融合。

赋能农村产业结构的升级

发展农村数字经济，为欠发达地区提供传统产业转型升级机会。产业结构高级化和合理化均有利于缩小城乡居民收入差距。数字经济有效赋能中国式农业农村现代化。数字经济发展能推动农村第一、第二、第三产业升级和融合发展，推动智慧化农业提升生产效率，进一步丰富乡村经济业态，推动农业与文化、旅游、康养等深度融合，拓展农村居民增收空间，从农业生产到农村工业和服务业，数字技术的应用都为农村经济的多元化和可持续发展提供了新的机遇。

赋能传统第一产业的升级。数字技术的应用让农业可以实现精细化管理、数字检测、市场分析、供应链管理等，中国农业数字化水平呈稳步上升态势，推动农业从传统的初级生产向现代化、智能化的方向发展，为农村地区带来新的发展机遇。首先，在农业生产中，包括智能控制系统、农业大数据、无人机系统等数字技术，为农村居民提供精准化的生产管理建议。其次，在数字检测中，农业中利用的信息技术能够对农业生产前、中、后全过程进行智能检测，通过对数据的分析和挖掘，调整农业生产策略，自动化的生产方式，减少人工和物理劳动，提高生产效率。再次，在市场分析中，通过大数据分析市场需求和消费趋势，农业从业者可以及时了解市场动态，有针对性地调整农产品的品种和规模，从而推动农产品向高附加值、特色化的方向发展。这不仅有助于提升农产品的市场竞争力，还能够满足消费者对多样化和优质化农产品的需求。最后，在供应链管理中，通过引入数字技术，农产品的生产、加工、运输、销售等各个环节可以得到优化和协同。这种数字化供应链不仅可以减少生产过程中的损耗和浪费，还能够提高资源利用效率，提供更高品质的农产品。

促进农村第二产业的发展。数字技术的应用，提升了农产品加工、生产和销售等环节的效率，推动了农产品第二产业的转型升级。农业技术进步对农村居民收入增加有正向作用，且一定程度上可为农业农村现代化发展提供支撑。首先，引入智能制造和自动化技术。通过工业物联网、机器人技术等，农产品制造企业可以实现生产流程的智能监控、调度和优化，提高生产效率和产品质量。其次，实现个性化、定制化生产。基于针对消费者需求的大数据分析，企业可以生产出更符合个性化需求的产品，有助于提高客户满意度，增强企业的市场竞争力。最后，数字化设计与仿真分析。数字技术允许农产品制造企业在产品设计阶段进行数字化建模和仿真分析。这有助于缩短设计周期，降低制造成本，确保产品在上市前就具备优良的性能和质量。数字经济能够提升农产品制造业的生产效率、产品质量和市场竞争力，增加就业、创业机会，提升农村居民收入，助推乡村振兴发展。

推动农村现代服务业发展。数字经济发展有助于延展农业全产业链路、推动农村服务业融合发展。数字经济发展为乡村旅游和农村电子商务发展带来新机遇和变革。在乡村旅游方面，可以进行数字化宣传推广、在线预定、开展虚拟现实体验以及数字化管理等。数字化宣传可提高农村景区知名度，吸引更多游客；在线预订门票、酒店、交通等服务，可方便规划旅行行程；打造虚拟导游、历史重现等内容，可增加游客的参与感和兴趣；为提升景区管理的效率，数字技术可打造智能化的门票销售、人流监测、移动导览、在线咨询等。在农村电子商务发展方面，数字经济发展有助于增强农村居民的议价能力，扩大农产品交易规模，提升农产品销售利润。电子商务平台的构建可以将农产品直接销售给终端消费者，突破传统的销售模式，提高农产品的市场覆盖面，增强农产品市场品牌竞争力。另外，电子商务平台可以通过大数据分析了解消费者的偏好和需求，实现精准的市场定位和营销策略，有助于提高销售效果和消费者满意度。农村现代服务业的快速发展，为农村居民提供更多就业、创业机会，还提高了收入水平，从而缩小城乡收入差距。

加快第一、第二、第三产业融合发展。数字经济发展有利于农业产业价值链和供应链的技术创新，且呈现智能农业新模式和现代农业体系，推动农村第一、第二、第三产业融合发展。融合发展是推动实现资源配置的优化与提升附加值的有效手段。基于海量数据和平台优势，农业发展与文化、康养、旅游等融合发展，一方面为产业结构注入更多新活力，增加农村非农业收入，提升农村形象，为农村经济发展创造新增长点；另一方面，可以拓展农村居民的经营领域，带来全新农村经营模式，为乡村注入独特的文化魅力，促进乡村振兴发展。例如，现代农家乐作为一种融合了餐饮、住宿和娱乐等多重产业的经营模式，充分体现了第一、第二、第三产业融合发展的理念。在现代农家乐中，农村创业者将传统农业资源与现代服务业相结合，创造了一个集餐饮、住宿、娱乐为一体的综合性农业旅游业态。首先，农家乐强调了农业的资源价值。利用当地农田、果园等资源，提供新鲜农产品和有机食材，满足消费者对绿色食品、健康食品的需求，提高了农产品附加值。其次，农家乐融合了服务业的特点，为游客提供住宿环境和丰富的娱乐项目，如农村民宿、农田采摘、农事体验等，丰富了农村旅游的内涵。最后，农家乐凸显了信息产业的应用。通过应用大数据、人工智能、区块链等数字技术，扩大业务覆盖范围，吸引更多游客前来体验，提高运营效率，更好地满足消费者需求。这种模式充分体现了数字经济时代农村创新的方向，为农村地区注入了新的活力。

　　数字经济在农村产业结构升级中发挥着重要作用。农村数字经济为欠发达地区提供了传统产业转型升级的机遇，通过数字技术的应用，第一、第二、第三产业生产效率提高，产业发展模式更加丰富，为农村居民增加了收入空间。总之，数字经济的推动不仅改变了农村产业的面貌，也为农村地区的经济发展提供了新的动力和机遇。

推动城乡公共服务均等化

公共服务是为了维护经济社会的稳定和发展、保障公民的基本生存和发展权利、实现社会公平正义而提供的公共产品与服务。城乡公共服务均等化是乡村振兴和共同富裕目标的重要实现路径之一。数字经济能弥补公共服务短板、提升政府服务能力以及促使数字基础设施更充分和均衡，加快基本公共服务均等化。均等化是指城乡公共服务总供给和总需求都满足相对均等，利用数字经济发展推动基础设施建设、拓展教育培训机会、提高医疗服务质量、增强政府治理能力，才能更好破除体制机制障碍，促使城乡公共服务供给资源与需求水平实现均等化。

推动基础设施建设。数字经济发展的基础根源在于完善的数字基础设施建设。数字基础设施可以提高农村居民的农业收入和非农收入，导致城乡收入差距不断缩小。数字经济在交通、水利、电力、通信等基础设施领域具有显著的优势。首先，在交通领域，实时数据采集、分析和处理可以优化交通流量，减少拥堵，提高交通系统的安全性和效率，为农村智能交通管理提供有力支持。其次，在水利方面，借助数字化水利管理系统实现对水资源的精准监测、分析和优化，有助于实现灌溉系统的智能化调控，优化农田水分管理，提升农业生产效益。再次，在电力方面，智能电表、能源管理系统等数字化工具使农村用户能更精准地监控和管理用电，促进了能源节约。同时，数字技术支持农村分布式能源系统的发展，如太阳能发电，增强了农村电力的自给自足能力，提升了电力供应的效率和可持续性。最后，在通信方面，通信基础设施的数字化改善了信息传输和连接的方式。高速宽带网络、5G技术的应用，使得农村地区也能享受到高质量的网络服务，促进信息的流动和数字化服务的传播，有利于居民增加就业、创业机会，提高居民收入。

拓展教育培训机会。数字经济重构人力资本积累方式，农村居民可以借助互联网随时随地学习知识技术。首先，数字经济发展为农村地区提供了便利的在线教育培训渠道。传统上，农村地区面临教育培训资源匮乏、师资短缺等问题，居民的教育培训机会受限。通过数字技术应用，农村居民可以轻松访问在线课程、学习资源和教育平台，获得高质量的教育培训，从而提升其知识和技能水平。其次，在线教育培训为农村居民提供了灵活的学习时间。农村居民通常需要分配时间进行农业劳作等生计活动，传统教育培训往往无法适应其时间安排。在线教育培训可以根据农村居民的时间安排，灵活提供学习内容，使农村居民能够更好地平衡学习和工作，提高学习的效果。最后，在线教育培训有助于增加农村居民的职业发展机会。通过获取新的技能和知识，农村居民可以更好地参与农业生产的各个环节，或者把握住其他产业的就业机会，从而增加收入来源，改善生活质量。在线教育培训的推广可以消除地理障碍，让农村地区的居民能够享受到与城市居民同等水平的教育机会与资源，从而减少城乡教育差距。

提高医疗服务质量。数字经济有助于扩大市场范围，拉动在线医疗发展。首先，数字化医疗服务有助于提升农村居民的健康意识和医疗知识。在线医疗平台可以提供健康知识、预防保健信息，帮助农村居民更好地了解疾病预防、自我管理等，从而减少疾病的发生和恶化。其次，数字经济为农村地区带来了更便捷的医疗服务途径。通过数字技术，农村居民可以在线预约医生、咨询医疗问题，实现远程医疗和远程诊断，降低就医门槛，提高医疗服务的可及性和便捷性。最后，数字医疗技术可以提高医疗服务的精准性和效率。医疗数据的数字化管理可以加速医疗信息的传递和共享，提高医生诊断的准确性。智能医疗设备如远程监护设备、健康传感器等，可以实时监测患者的健康状况，及早发现并处理问题。数字化医疗服务不仅可以提升农村居民的健康水平，还有助于改善生活质量，增加农村居民收入。

增强政府治理能力。数字经济通过数字政府和智能政府建设更好地满足居民对于公共服务的需求，提升政府的公共服务供给能力。为提升城乡公共服务均等化目标，政府决策效率和公共协调能力至关重要。首先，数字经济发展为政府治理提供科学数据，推动电子政务广泛应用，大量实时数据有助于政府分析问题、制定政策和优化资源配置，做出最优决策，推动社会治理的现代化。其次，促进部门之间协调。综合性电子政务平台的建立，可以整合各部门信息和服务，更好地实现信息的数字化存储和共享，从而提高不同部门之间的沟通和协作效率。最后，通过集成政府信息系统、数据分析、决策支持等功能的数字治理平台，实现跨部门协调集中管理，从而更好地了解农村居民需求。数字化投诉反馈系统可以帮助农村居民在线提出问题和建议，政府做出及时回应，促进双方沟通与互动。

综上所述，数字经济发展为城乡公共服务均等化创造了新的契机。从推动基础设施建设、拓展教育培训机会、提高医疗服务质量、增强政府治理能力等方面，共同助力均等化的实现，使资源配置更加高效，政府内部协调和决策更加精准，从而提升居民生活质量，促进缩小城乡差距，实现共同富裕。

本章小结

实现城乡融合发展是中国式现代化的重要内容，是实现共同富裕的必然要求。但是当前中国城乡在收入水平、生产要素配置、基础设施、公共服务等方面差距依然较大，其中收入差距对城乡协调发展至关重要。数字经济的发展为缩小城乡差距，促进乡村振兴和城乡融合发展，进而实现共同富裕带来新机遇。总体上看，数字经济发展可以通过提高农村经济发展水平、促进城乡生产要素流动、缓解信息不对称问题缩小城乡差距。具体来看，数字经济发展可以增加农村居民就业机会、提升农村居民创业机会、促进城乡市场一体化发展、赋能农村产业结构升级以及推动城乡公共服务均等化，从而提升农村居民收入水平，缩小城乡收入差距。

随着数字经济的不断发展，其在未来对缩小城乡收入差距产生的影响将逐渐显现。数字技术的广泛应用将为农村地区提供更多机会，促进农村居民增收，从而有望缩小城乡收入差距。然而，这一过程也面临着一些潜在挑战与限制，随着数字经济进一步发展，也可能会拉大城乡收入差距。应大力发展数字经济，加快产业数字化转型，努力缩小城乡之间的"数字鸿沟"，以期在未来实现更加平衡和包容的发展，让每个人都能共享数字化带来的福利。

第四章

数字经济与区域差距

区域协调发展的重要性与现状

党的二十大报告强调"促进区域协调发展"。《国民经济和社会发展第十四个五年规划和二〇三五年远景目标》的第九篇专门论述了如何"优化区域经济布局，促进区域协调发展"。区域协调发展与经济发展质量、社会公平正义息息相关，统筹区域协调发展，有助于改善人民日益增长的美好生活需要和不平衡不充分的发展之间的矛盾。首先，区域协调发展对于推动构建新发展格局和经济高质量发展至关重要。协调发展是高质量发展的内生特点和衡量高质量发展的标准，现阶段中国经济增长中存在明显的区域发展不协调问题，制约着经济高质量发展水平的提升。区域发展不均衡可能导致资源配置不合理、产业结构失衡等问题，而促进区域协调发展可以避免某些地区资源的过度集中或浪费，从而提高整体经济效益。其次，区域协调发展关乎社会公平正义的问题。公平正义是高质量发展的内在要求和基本底线，高质量发展的最终目的是更好地服务社会大众，提升大众的生活质量。但当某些地区发展相对滞后，人民的生活水平、教育水平、就业机会等方面可能受到限制，导致社会不公平现象的加剧。最后，区域协调发展能够改善目前中国人民日益增长的美好生活需要和不平衡不充分的发展之间的矛盾。区域协调发展意味着破除区域发展障碍，协调区域间利益主体，降低区域发展的不平衡和不充分性。通过实施区域协调发展战略，可以在更广泛范围内满足人民的美好生活需求，提高人民的幸福感和满意度。

目前中国区域之间发展水平还存在较大差距。

各省份之间发展水平存在较大差距。从经济总量看，根据各省份统计局数据，2022 年排名前三名的广东、江苏、山东的 GDP 总量分别为 129 119 亿元、122 876 亿元、87 435 亿元，而排名最后三名的宁夏、青海、西藏的 GDP 总量分别为 5070 亿元、3610 亿元、2133 亿元。可见，经济总量排名前三名与最后三名的差距，高达几十倍。就人均 GDP 而言，排名前三名的北京、上海、江苏的人均 GDP 分别为 19.01 万元、17.94 万元、14.45 万元，而排名最后三名的广西、黑龙江、甘肃的人均 GDP 分别为 5.21 万元、5.13 万元、4.50 万元。也就是说，人均 GDP 排名前三名与最后三名的差距，有三四倍。

省份内部各地区发展存在较大差距。以广东和辽宁为例，尽管广东在经济总量上远超其他省份，但仍存在内部区域发展不均衡问题。2022 年深圳和广州的 GDP 总量分别为32 388 亿元和 28 839 亿元，而排名靠后的韶关等七市的 GDP 总量均未超过 2000 亿元，相差十几倍。从人均 GDP 来看，排名前三名的深圳、珠海、广州的人均 GDP 分别为 18.32 万元、16.40 万元、15.33 万元，排名最后的河源、揭阳、梅州的人均 GDP 分别为 4.56 万元、4.01 万元、3.43 万元。可见，排名前三名与最后三名的人均 GDP 差距，有四五倍。辽宁内部各地区发展也存在较大差距。2022 年大连和沈阳的 GDP 总量分别为 8430 亿元和 7695 亿元，其余地区的 GDP 总量均未超过 2000 亿元，特别是排名最后的铁岭和阜新，其 GDP 总量分别仅为 754 亿元和 577 亿元。从人均 GDP 来看，排名前三名的大连、盘锦、沈阳的人均 GDP 分别为 11.26 万元、10.03 万元、8.44 万元，排名最后的阜新、朝阳、铁岭的人均 GDP 分别为 3.57 万元、3.50 万元、3.24 万元，排名前三名与最后三名的人均 GDP 差距，约有 3 倍。

除各省份之间和省份内部的发展差距外，区域协调发展还包括四大板块和特殊地区的协调发展。《国民经济和社会发展第十四个五年规划和二〇三五年远景目标》的第九篇第三十二章中指出，"深入推进西部大开发、东北全面振兴、中部地区崛起、东部率先发展，支持特殊类型地区加快发展"。近年来，中部地区承接东部地区产业转移，实现了一定的经济增长，西部地区的经济社会转型，也促进了西部地区发展速度的加快。但东西部之间仍存在较大差距，且西部地区内部发展差距也呈拉大趋势，西南地区发展速度远快于西北地区。东北地区由于面临要素成本高、比较优势丧失、人口流失等问题，经济也长期处于低迷。在特殊类型地区中，欠发达地区发展滞后、革命老区发展水平较低、边境地区人口要素流失、生态退化地区人地关系紧张、资源型地区转型困难、老工业城市存在路径依赖等问题，都在制约着区域的协调发展。总之，无论是从各省份层面来看，还是从四大板块和特殊地区来看，中国区域发展都面临着不协调不平衡问题。

区域协调发展不仅事关经济高质量发展和社会公平正义，更关系到共同富裕目标的实现，区域差距是衡量共同富裕的重要指标之一。共同富裕要求兼顾效率与公平，不仅要把蛋糕做大，还要把蛋糕分好。从区域层面来看，共同富裕意味着区域差距不能过大，区域间生活水平差距应保持在适度范围内。虽然由于国土空间资源禀赋分布的差异，各区域间的发展差距始终是存在的。但是区域协调发展战略通过优化重大生产力布局、推动区域优势互补、建立跨区域合作协调机制，能够不断缩小区域发展的差距，形成区域间合作共赢的发展新局面。在区域差距不断缩小和分配机制不断完善的基础上，能够扩大中等收入群体比重，增加低收入群体收入，从而使现代化建设成果惠及全体人民，推动共同富裕目标的实现。

数字经济对区域差距的缩小作用

　　数字经济在缩小区域差距方面发挥着重要的引擎作用，能够推动共同富裕目标的实现。数字经济发展水平的提高显著缩小了区域经济发展差距。数字经济之所以能够缩小区域差距，与其自身所具备的两个经济特征是密切相关的，即非竞争性和非排他性。非竞争性主要是指，由于数据的流动性，数据可以大批量复制并同时供多人使用。数据要素在被使用后，数据价值不仅不会消失或减少，反而能够增值。非排他性主要是指，在使用数据时，无法完全排除其他人使用数据。由于数据生成过程中往往涉及多个主体，且数据具备极强的传播性和流通性，因此数据要素在使用过程中具备非排他特征。在具备非竞争性和非排他性的情况下，数字经济通过普惠效应和空间溢出效应，对区域协调发展产生影响。一方面，非竞争性和非排他性使得数字经济具有普惠效应，进而促进了区域协调发展。与农业经济和工业经济相比，数字经济具有更强的普惠效应。数据和技术等要素为区域均衡发展提供了共享机制，数字金融的普惠性特征能够帮助落后地区打破"数字鸿沟"，实现区域协调发展。数字经济可以通过数字化改革，提升公共服务的普惠水平，使更多人享受到普惠性的生活服务。另一方面，数字经济的非竞争性和非排他性带来的空间溢出效应，也促进了区域发展差距的缩小。在数字经济背景下，经济活动的空间分布具有正外部性的特征，数字经济发展的溢出效应，能够促进收入增长，为区域协调发展提供了内生动力。通过知识的外溢和技术的扩散，数字经济发展较快的地区能够对其他地区形成示范作用，提升周边地区的经济发展水平。增长极地区通过联动机制会对周边地区产生扩散效应，带动周边地区发展，数字经济对区域创新绩效的正向影响也会通过空间溢出效应扩散到周边城市。可见，数字经济在促进区域经济增长的同时，通过普惠效应和空间溢出效应，也能够带动周边区域经济发展，从而促进区域协调发展和共同富裕目标的实现。

数字经济对区域差距的影响在多个方面都有体现。从生产要素方面来看，数字经济下，互联网、人工智能、大数据、云计算等数字技术的应用催生了新的生产要素，即数据，数据要素的自由流动减少了区域之间的信息不对称现象。数据要素的跨区域、跨行业自由流动，是数字化下特有的经济运作方式，有效地打破了以往的时空阻隔，促使传统要素也能够在区域间自由流动。如互联网技术突破了原有劳动形式的时空壁垒，给了劳动力自主创业、灵活就业的空间。数字经济通过降低区域间要素配置的不平衡，进而影响区域布局和区域一体化水平。从市场整合方面看，数字经济通过提供新的发展动能，赋能生产率提升。数字经济能够加速供需匹配，充分满足消费者的多样化需求，进而促进市场有序竞争，通过发挥市场一体化效应，有效解决市场分割的困境，并推动区域和全国统一大市场的形成。在此基础上，数字经济充分提升了劳动力生产率水平，扩大了劳动力就业规模，从而提升了不发达地区的收入水平，缩小了各区域的收入差距。从产业发展方面来看，随着信息不对称程度下降，要素的自由流动得以实现，数字经济能够促进产业结构升级，推动产业的数字化升级和数字的产业化发展，通过产业体系优化来赋能区域协调发展。此外，数字经济能够促进区域产业分散化布局，由于数字经济能够将各种类型的生产者聚集到同一虚拟空间中，因此产业布局更注重整合效益，企业原有的组织结构和空间分布结构会有所改变。简言之，数字经济通过推动生产要素自由流动和市场整合，降低信息不对称性，从而缩小了区域发展差距。同时，数字化产业升级和分散化布局也为区域协调发展带来新的机遇。

具体来看，数字经济能够充分挖掘区域竞争优势和潜能，不仅提升了发达地区的生产力水平，同时赋能偏远地区、传统资源能源富集区发展，从而促使各区域之间形成优势互补的发展格局。一是数字经济有助于畅通区域经济循环，推动各类资源要素快速流动，生产要素的跨区域自由流动给欠发达地区带来了新的发展动力。二是数字经济的发展使得各要素能够跨区域自由流动，通过要素市场整合，打破要素市场分割，从而实现了产品市场的整合，促进了区域市场一体化的发展，缩小了区域发展差距。三是在要素跨区域自由流动和区域市场一体化情况下，产业的跨区域转移和分散化得以实现，产业布局进一步合理化，产业的跨区域梯度转移促进了区域的协同发展。四是数字经济能够弥合区域技术发展差距，通过建设新型基础设施、提供数字化服务、提供数字教育资源等方式，提高了落后地区的公共服务水平。在此基础上，经济落后地区居民的就业和创业机会增加，区域之间的收入差距进一步缩小，区域收入分配格局改善。因此，数字经济通过畅通区域间要素自由流动、加深区域市场一体化程度、推动区域产业布局合理化、促进区域公共服务均等化，进而促进了区域间收入分配格局的优化，缩小了区域发展差距，助推共同富裕目标的实现。

畅通区域间要素自由流动

要素资源配置的低效率，是导致区域差距扩大的重要因素。而数字经济加速了新型生产要素的形成，并促进了各类传统要素在不同地区之间的流动。这一过程有助于优化要素生产结构，提升资源配置效率。通过在各个生产环节中对生产要素进行有效整合，数字经济能够充分发挥不同区域的比较优势。在各地区充分发挥自身比较优势的基础上，区域发展差距将进一步缩小，从而实现经济的均衡发展和共同富裕。

　　数字经济催生了数据要素的应用。随着信息技术的迅速发展，大数据、云计算、人工智能等技术正在引发一场数据革命。数据已经成为当今社会生产和创新的核心要素，也成为数字经济的重要基石。数据作为数字经济背景下特有的新型生产要素，不仅可以打破物理和地理空间的阻隔，在区域之间均衡发展，其融通性还可以打破传统要素面临的空间障碍。通过要素的自由跨区域流动，促进不同区域的经济增长，实现区域均衡发展。首先，数据要素的广泛应用使得各个领域的信息更加透明，从而减少了信息不对称，促进了资源的合理配置。如大数据分析可以帮助生产者更准确地把握市场需求，从而提高资源利用效率。其次，数据要素的共享和交流加强了区域间的合作和联系。数据要素交换是非常便捷的，使得区域之间可以在技术创新、产业合作等方面进行互利合作，实现地区间的协同发展。最后，数据要素能够促进传统要素在区域间的优化配置。数据要素具有非竞争性特征，与其他生产要素结合时会产生倍增效应。通过数据分析，可以更精确地了解不同区域的资源禀赋和特点，有针对性地进行产业布局和发展规划。数据要素也为区域创新注入了新的动力，推动了区域的创新发展。

　　数字经济促进了劳动力要素的跨区域自由流动。首先，数字技术的应用使得信息更加透明和易于获取，降低了劳动力在寻找跨区域就业机会时的信息不对称问题。通过互联网和在线招聘平台，劳动力可以更轻松地了解其他地区的就业市场情况，找到适合自己技能和背景的工作岗位，从而促进跨区域劳动力的自由流动。其次，数字经济的兴起带来了多样化的就业机会和灵活的工作方式。远程办公、在线平台工作等灵活性很强的就业模式，使得劳动力不再受限于地域，可以在不同区域进行工作。这种趋势加强了劳动力的跨区域流动，有助于资源的高效配置和优势互补。最后，数字经济拓宽了劳动力市场，催生了许多新型职业。数字微客、互联网网约工等职业的出现使得就业方式更加弹性化，劳动力可以柔性安排碎片化时间，获取更多收入。数字技术也使得人力资本的跨区域转移成为可能，从而促进了区域间劳动力的自由流动和优化配置。

　　数字经济促进了资本要素跨区域流动。数字技术可以通过渗透性、替代性和协同性，降低资本要素搜寻成本和交易成本，明显改善资本错配水平，提升资本要素的使用效率。首先，数字经济改变了资本流动的方式，使得资本跨区域流动更加安全和便捷。如区块链技术不仅能够确保资金交易的透明和安全，还能消除支付的烦琐程序，降低交易成本，使得资本在不同区域内快速流动成为可能。此外，互联网银行、移动支付等数字化的合同和交易平台可以在不同区域范围内实现快速、安全的资金流转，降低了跨区域投资的风险和成本，使得资本的跨区域流动变得十分便捷，进一步提升了资本在区域之间的配置效率。其次，数字化的数据分析和信息共享平台使得投资者能够更准确地了解不同地区的投资机会、风险和收益，从而促使投资者更愿意将资本投入跨区域的项目中，进而推动资本的跨区域流动。最后，数字经济的崛起带来了许多新的投资领域，如人工智能与大数据、智能制造、跨境电商等，促使资本从传统产业向新兴产业跨区域流动，有助于优化资本在不同产业间的配置。

数字经济促进了技术要素跨区域流动。技术创新是推动经济增长、提升生产率的关键要素，数字经济通过促进技术要素的跨区域自由流动，从而推动了区域协调发展。一方面，数字技术的普及和应用加速了区域间的技术交流与合作，促进了区域知识和技术共享。通过互联网和云计算等技术，不同地区的技术人才能够进行实时沟通和合作，从而加速了技术创新和研发。数字经济下发展起来的开源社区、技术博客等平台促进了知识的传播和分享，使得不同地区的技术人员能够获取最新的技术信息，实现了技术要素的跨区域自由流动。信息和技术等研发要素在区域间的自由流动，能够带动不同区域创新发展，缩小区域间创新和发展差距。另一方面，数字化创新加速了技术要素的迭代升级，从而推动了产业升级与优化。以人工智能为例，通过大数据和机器学习等技术，不同地区的技术人才可以在全球范围内合作，共同推动人工智能技术的发展和应用，使得相关技术的迭代升级变得更加快速。在技术要素跨区域自由流动和技术要素迭代加速的背景下，各地区能够实现技术专长和优势互补，从而实现区域产业升级与优化。

综上所述，数字经济的发展推动了生产要素自由流动，降低资源错配，优化了要素分配结构。数字经济催生了数据要素，减少了信息不对称，加强了区域间的合作，并赋能传统要素。在数字经济背景下，劳动力、资本、技术等要素的跨区域流动也得以实现，欠发达地区较以往而言更易获得数据、劳动力、资本、技术等关键要素。通过整合各要素资源，数字经济实现了要素在各区域之间的合理分配，进而推动了区域协调发展。

加深区域市场一体化程度

数字经济促进了劳动力、资本等要素在区域间的自由流动，进而打破了要素市场的分割，并促进了产品市场的整合，从而促进了市场一体化程度的加深。区域市场一体化能够充分发挥区域规模市场的潜力，提高资源配置效率，从而形成高效率的区域市场。区域市场一体化不仅事关区域协调发展，还关系到全国统一大市场的建设，区域市场一体化和全国统一大市场是点和面的关系。区域市场一体化意味着各地区在基础设施方面的互联互通，以及市场准入等方面的一体化建设。通过加深区域市场一体化程度，数字经济为区域协调发展和区域差距的缩小带来了重要驱动力。

数字经济促进了要素市场的一体化。数字技术的发展使得生产要素如数据、劳动力、资本和技术以前所未有的方式跨越地域，实现自由的流动和整合，区域要素市场的一体化程度加深。数字经济不仅能够提升本地区的要素市场一体化水平，还能通过空间溢出效应对关联地区一体化水平产生正向影响。首先，数据要素的自由流动降低了信息不对称，促进了跨领域、跨行业的合作创新，数据要素不仅自身流通性和一体化程度高，也为其他传统要素市场的一体化提供了强大动力。其次，数字化就业和远程办公模式推动了劳动力的地理无关性，使得劳动力市场越来越趋向一体化，促进了劳动力要素的无缝流动和优化配置。再次，数字经济为资本的跨区域流动提供了便利，使得投资者可以更容易地将资金投入各地区的项目中，实现资本要素的一体化整合。最后，数字技术的快速传播和创新促进了技术要素的跨区域交流和合作，推动了技术要素的一体化。因此，数字经济通过促进数据、劳动力、资本、技术等要素的跨区域自由流动，促进了整个要素市场的一体化，推动了区域协调发展。

数字经济促进了产品市场的一体化。劳动力、资本、技术、数据等要素是生产活动的基础，要素在区域内实现自由流通后，跨区域的生产、经营、销售活动得以实现，区域产品市场进一步整合，区域产品市场分割被打破。以往由于信息化程度不够，不同地区之间信息无法充分流动，因此经济发展程度不高的地区，为了获得竞争优势，会采取市场保护政策，地方保护主义和行政壁垒的存在限制了地区之间的协同发展，使得地区内的经营者只能在封闭的区域内进行竞争。近年来，数字经济的发展降低了跨地区的信息不对称程度，而通信水平的提升会加速商品市场一体化的进程。随着数字经济出现，原有的市场分割和行政垄断被打破，为区域协调发展提供了条件。一方面，线上等新业态和新型经营模式的出现使得企业能够突破传统制度壁垒，获得更多的市场准入和公平竞争环境，实现低成本的跨区域经营，企业生产和经营活动的范围被拓宽；另一方面，数字经济下交易和支付方式的改变也使得跨区域交易变得更加便捷，促进了区域产品市场一体化，最终促进了区域协调发展。

数字经济推动了基础设施互联互通。一方面，伴随数字经济而来的新型基础设施的普及，突破了地理和物理空间的限制，使得数据要素可以在各地区之间充分流动，从而有效地对接东、中、西部地区，发达地区和欠发达地区的资源，实现各地区之间的互联互通。网络基础设施的建设和普及对区域经济的协调发展具有显著的正向作用。另一方面，数字经济发展带来的数字技术的创新和应用也能够推动各地传统基础设施之间的互联互通。如基于数字技术的智能交通系统的建设，可以提升地区间的交通流畅度；数字化物流平台的建设通过智能仓储等技术，能够实现低成本和高效率的物流运输和跨地区配送；数字经济带来了传统通信基础设施的升级，5G 等数字技术的应用使得各地区间通信往来更加便捷和快速，促进了区域间的信息互联互通。可以看出，数字经济通过新型基础设施的普及和传统基础设施的数字化转型，提高了各区域之间的互联互通水平，促进了区域市场一体化和区域协调发展。

总而言之，在数字经济背景下，区域间要素的自由流动和产业布局的分散化，有利于充分发挥国内统一大市场和区域市场一体化的发展潜力。在区域市场一体化情况下，跨地区的分工与合作加强，地区之间的交互性增强，因而发达地区对欠发达地区的经济溢出效应也更强，从而进一步缩小区域发展差距，促进区域均衡发展。

推动区域产业布局更合理

　　数字经济促进了要素的跨区域自由流动，打破了区域市场分割，加强了区域之间的互联互通，为区域产业布局的协同化和分散化提供了支撑，从而推动了区域产业布局的合理化，缩小了地区差距。数字经济下出现的互联网平台，作为一种跨区域产业分工与协调机制，显著提升了区域产业专业化水平，推动了产业结构的转型升级。数字技术的进步催生了一系列新兴产业，提升了传统产业之间的关联程度，助推了新兴产业和传统产业的融合发展，从而促进各地区之间产业协同发展。数字基础设施的建设促进了产业的地区分散化布局和上下游分工的碎片化，从而促进区域间产业的分散化布局。

　　数字经济推动了产业结构的转型和升级。数字经济与传统经济融合推动了传统产业的数字化转型，通过对传统生产要素的改造，提高了要素使用效率和产业的生产效率，助力产业结构升级。在企业产品开发环节，数字技术为企业技术创新和管理模式创新提供了技术支持。将数字技术整合到产品、服务和运营中，能有效促进新产品与新服务的出现。在销售环节，数字经济为产品销售提供了更加便利的渠道。在产业规划方面，数字经济有助于各地区充分利用本地发展优势，针对自身资源和优势，培育和发展具有区域特色的产业，形成差异化的产业布局。换言之，数字经济带来的新的生产模式和商业模式能够助推传统产业数字化转型，改变区域传统产业布局，推动各地区产业转型升级。进一步，由于数字经济具有高渗透性和扩散性等特点，一个地区的产业数字化转型升级会对其他地区产生正向溢出效应，带动其他地区的产业结构升级，从而促进区域协调和共同富裕。

数字经济推动了区域间产业协同。首先，数字经济推动了一系列新兴产业的崛起。数字技术创新作用于市场需求、技术创新环境以及高效运作的组织原则，进而驱动新兴产业成长。云计算、人工智能等新兴产业本身就具有很强的地区协同性，由于网络外部性的存在，这些产业发展需要大量的数据要素，因此跨地区合作和创新变得十分重要，这些新兴产业的发展促进了各地区产业间的融合发展。其次，数字经济能够深化传统产业间的关联程度。互联网、5G在内的通信基础设施和物联网、分布式生产等数字技术的普及，打破了区域间原有的产业和技术壁垒，使得传统产业跨区域关联程度提高，提升了产业多样化程度。最后，数字经济使得不同区域之间先进与落后产业间的联系日益紧密，新兴技术被用于传统产业的数字化转型的同时，新兴产业与传统产业之间也实现了很好的跨地区融合发展，如制造业和信息技术产业融合，数字化产业与医疗、教育等传统产业融合，都有助于形成区域交叉产业，促进了各地区产业协同，推动了区域协调发展。

　　数字经济促进了区域间产业布局分散。首先，产业整体布局更加分散化。数字经济的发展使得许多产业不用再受制于地理约束，降低了地理距离对产业布局的影响。数字经济所带来的交易成本的降低，有利于引导产业扩散，重塑均衡的产业分布结构。在数字平台上，供需两端可以进行精准匹配，产业布局不用考虑地理距离带来的巨大的交易成本，企业可以通过互联网和数字技术进行远程协作、运营和交易，这为产业在各区域间的分散化布局提供了基础。由于产业布局不用再考虑地理位置的影响，因此各地区能更好地按照自身要素资源禀赋进行产业布局，从而使得产业布局更加合理化。其次，由于数字经济与传统经济相比，受物理空间和区位的限制更小，因而数字产业能够在欠发达地区布局，助力欠发达地区形成经济增长新动力，实现弯道超车。同时，欠发达地区拥有相对更为廉价的租金和劳动力，在各区域数字基础设施都日趋完善的基础上，许多传统产业趋向于往欠发达地区转移，从而缩小了发达地区和欠发达地区的产业发展差距。以贵阳的国家大数据展示中心为例，作为经济欠发达地区，贵阳立足自身优势，抓住了数字经济发展机遇，积极布局数据存储产业，实现了大数据产业从 0 到 1 到 N 的突破，目前贵州已成为全球集聚大型和超大型数据中心最多的地区之一。江苏宿迁的京东集约化客服中心也是个很好的例子，作为江苏省内经济发展相对缓慢的地区，自京东客服中心在宿迁落地以来，目前已经有500多家互联网企业入驻宿迁，宿迁也成为全国最大的商务呼叫中心之一。最后，产业链各环节更加分散化。数据和信息的自由跨区域流动使得产业链聚集程度下降，产业链被分割得更加短和分散，产业链各个环节都可以通过数字平台进行对接，因此上下游之间的距离可以不断被拉长。从生产环节来看，物联网和分布式生产等数字技术推动了生产的碎片化、即时化，使得企业可以根据客户需求，按照订单进行产品生产，也可以选择在更接近于终端消费者的地方设立微型生产中心。从销售环节来看，供需的精准匹配和低成本的物流配送使得生产者可以在任何地区销售自己的产品，甚至不需要有实体店铺，可以直接通过互联网平台进行销售，从而扩大了产业的碎片化分布。

可以看出，数字经济在促进区域产业布局合理化方面具有显著作用。数字经济推动区域间产业专业化水平提升，促使传统产业数字化转型，推动产业结构升级。新兴产业的崛起以及数字技术的普及，促进了区域产业协同发展，深化了传统产业间关联。数字经济降低了地理限制，推动产业布局的分散化，使产业链分散化、碎片化。总之，数字经济通过推动区域产业转型升级和区域产业结构的协同和分散，促进了区域协调发展。

促进区域公共服务均等化

数字经济的发展不仅带来了 5G 基站等数字基础设施的普及，让区域基础设施更加均衡，数字经济所提供的数字化的服务，还提升了落后地区的数字化治理水平，提升了政务服务水平。此外，数字化通过推动智力建设均等化提升了各地区的人力资本质量。数字经济在保障医疗和民生方面也发挥着重要作用。

数字经济促进了数字化基础设施普及，使得区域发展更加均衡。落后地区往往由于历史、地理等因素，基础设施发展滞后，地区的经济增长和社会发展也受到了极大的限制。随着数字经济的发展，互联网和 5G 等基础设施在落后地区也得到了普及，从而提升了落后地区的经济发展水平，缩小了地区差距。首先，数字化基础设施的建设改善了落后地区的通信和网络条件，加速信息传递和交流，从而促进了地区的商业活动和创新。通过发挥其数字属性，数字基础设施能够加快区域信息交流整合，建立区域间信息关联的"信息大通道"。其次，数字化基础设施的普及提升了落后地区的物流运输水平，通过更加智能高效的物流信息系统，可以实现货物的追踪、仓储管理和运输计划优化，降低物流成本的同时提升了物流效率，使得落后地区也能享受到高质量的物流服务。最后，数字化基础设施的发展为落后地区吸引了更多投资和资源，从而能够实现地区经济的增长和社会的进步。对企业而言，以往倾向于在发达地区进行投资主要是因为市场和区位等因素，而在数字化基础设施完善的情况下，即使在落后地区进行投资设址，也能迅速了解不同地区的市场趋势、消费者需求和竞争情况，并触及其他地区的潜在客户。总之，数字化基础设施的建设提高了落后地区的可及性和竞争力，使得企业在落后地区的投资经营更加经济高效，因此给落后地区带来了更多的投资和资源。

数字经济发展促进了数字化治理，提升了政务服务水平。数字经济通过促进政务数字化，推动了公共服务均等化的实现。数字技术的变革提高了政府管理创新能力。首先，政府通过构建数字网站，更好地整合部门数据资源，避免了信息的重复收集和信息孤岛，提高了决策效率。通过大数据等相关技术，政府可以更好地了解各地区社会状况和教育、医疗等公共服务资源的分配情况，从而在各地区之间进行协调，更好地保障居民对公共服务的需求。其次，数字化的政务服务也提高了行政效率，通过线上办事平台等方式，可以使居民更方便地获取政府服务并反馈信息，从而实现公共服务的均等化。随着数字政府的建设和电子政府平台的搭建，一网通办和一站式办事服务降低了居民和企业办理业务的复杂程度。最后，数字化治理优化了营商环境。数字化治理提升了政府信息的透明度，公平公开的决策和规则为企业和投资者提供了更稳定、可预测的营商环境，从而增强了信心。数字化治理还可以提供实时数据和指标，帮助投资者更好地评估市场和商业机会，从而做出更明智的投资决策。可以看到，数字经济通过提供数字化服务，推动了数字政府建设，通过在政务部门进行数字化治理，显著提高了政府办事效率，促进了区域公共服务均等化，同时改善了区域营商环境，缩小了地区差距。

数字经济推动了落后地区的人力资本水平的不断提升。数字经济背景下，数据作为一种新型要素，非常大地提升了人力资本积累的效率。作为既具有私人性又具有公共性的物品，教育培训一般应由政府来提供，但是数字经济让更多人以较低的成本接受了先进的教育培训，这提升了地区的人力资本。数字经济催生了远程教育和在线学习等的渠道，使得落后地区的学生可以通过网络平台获取高质量的教育资源。其他地区的名校名师也可以远程为偏远地区的学生上课，在线资源库等平台的搭建为居民学习理论知识和专业技能都提供了便捷的渠道。可以看到，数字经济增加了落后地区获得优质教育资源的机会，提高了其人力资本水平，推动了区域间公共服务均等化。

数字经济在医疗和民生保障等方面也发挥着重要作用。在医疗方面，数字技术应用十分广泛，从疾病预防到就诊各个环节都推动了落后地区医疗卫生水平的提升。数字技术为医疗保健知识的传播提供了渠道，提高了落后地区居民的疾病预防意识。数字经济提升了落后地区的医疗资源质量，通过医疗资源共享、医疗专家远程协作、线上医疗培训等方式，丰富了落后地区医疗人员的专业知识与技能。线上远程问诊使得居住在落后地区的居民也能向三甲医院的医生进行咨询。在民生保障方面，数字经济通过平台建设等方式更好地保障了居民的基本生活需求。数字化基本公共服务平台使得便民生活服务场景愈加多元化，更好地满足了居民的多层次需求。例如，电商团购平台为落后地区的居民提供了多样化的生活用品，高德地图和滴滴打车等平台使居民出行更加便利。通过为不同地区的居民提供同等的便民服务，数字经济使得落后地区的居民也可以安心地就业、创业，从而缩小了区域发展差距。

综上所述，数字经济从多个层面促进了区域公共服务的均等化，进而促进了区域协调发展。数字经济下数字化基础设施的普及改善了落后地区的通信和网络条件，提升了落后地区的物流运输水平，为落后地区吸引了更多投资和资源。数字经济发展促进了数字化治理，提升了政务服务水平和行政效率，并通过推动政府信息更加公开透明，改善了区域营商环境。数字经济对于落后地区的数字化智力建设、医疗条件改善、居民基本生活需求保障都起着重要作用。

缩小区域间人均收入差距

　　数字经济促进了区域间要素的自由流动、区域市场的一体化整合、区域产业结构的高级化、合理化以及区域公共服务的均等化，从而为偏远地区和经济欠发达地区提供了更多的就业和创业机会。数字经济提升了各区域人均收入水平，缩小了区域收入差距。在数字经济背景下，低收入群体也可以分享到经济增长的红利，区域收入分配格局的优化使得地区间的财富差距缩小，从而助推了共同富裕目标的实现。

　　区域间要素自由流动、市场一体化程度加深、产业布局合理化、公共服务均等化，共同为缩小区域间人均收入差距创造了条件。首先，数据和劳动力要素的自由流动可以促进技术和知识的传播，资本流动可以引入投资和创业机会，而技术和信息的流动可以促进创新和知识分享，这些都有助于缩小区域人均收入差距。其次，市场一体化消除了地区之间的贸易壁垒，促进货物和服务的自由贸易。一个更统一、开放的市场可以鼓励企业扩展至其他地区，从而促进就业和经济增长，缩小地区收入差距。再次，产业的合理布局，可以避免过度集中和片面发展，从而在各个地区分散经济活动。产业的协同和分散为落后地区产业发展带来了机遇，有助于提升落后地区收入水平，缩小区域收入差距。最后，公共服务的均等化可以确保所有地区居民都能够享受到基本的教育、医疗、社会保障等服务，减少了地区之间在人力资本和生活质量方面的差距，提高了整体的人均收入水平。数字政府的建设还能改善落后地区的营商环境，提升落后地区的投资水平，进一步缩小发达地区和落后地区之间的收入差距，促进共同富裕目标的实现。

　　数字经济为不同区域提供了平等的就业机会，拓宽了就业渠道。首先，数字经济为落后地区提供了更加丰富且低成本的就业信息。在线招聘平台、社交媒体和专业网络使得劳动力能够轻松地浏览和搜索大量的招聘信息，无需大量时间和费用，从而降低了劳动力，尤其是落后地区劳动力获取就业信息的门槛。其次，数字经济带来了新的就业岗位。数字经济融合到各个领域的产业当中，催生了很多新产业、新业态、新模式，进而产生了很多新型就业岗位。这些新型就业岗位不仅局限在发达地区，在经济发展相对较慢的地区也已经非常普及，新职业的产生为当地的居民创造了新的就业机会，从而缩小了不同区域之间的收入和财富差距。换言之，数字经济通过创造出更多的就业岗位，从而产生财富分配效应，提升了不同区域中低收入者的比例，提高了低收入人群的工资收入，促进区域协调发展和共同富裕。最后，数字经济推动了在线教育培训并提升了劳动力的就业技能。数字经济的发展带来了数字技术使用门槛的降低和数字技术使用程度的提升，使得区域间的信息鸿沟缩小。因此，落后地区的劳动力可以以低成本获得更多技能知识和文化信息，参与现代信息素养、专业知识和技能方面的培训。以往只能获得较低收入的低技能劳动力，能够通过参加多样化的培训，不断提升自己的技能和人力资本水平，从而更好地把握住数字经济发展中的就业机会，实现收入和财富的增加。

数字经济为不同区域提供了更多的创业机会。首先，数字经济提供了更加丰富且低成本的创业信息。数字经济的发展能满足创业者的信息获取需求，为创业活动的决策提供了多样化的信息来源和信息基础。数字经济提供的信息交流平台，对于创业决策前商机的把握，以及创业过程中的信息沟通，都具有重要作用。即使是落后地区的创业者，也能利用数字经济提供的数据和分析工具，了解市场需求、消费者行为和趋势，从而在创业前进行合理的规划，在创业过程中不断调整产品和服务，提高自身竞争优势。其次，数字经济催生了新的创业机会，丰富了创业选择。尤其是在互联网、电子商务等领域，由于互联网平台的使用门槛较低，各个地区的居民都可以通过互联网平台进行创业，提高收入和财富水平。再次，数字经济拓展了市场范围，为居民创收提供便利。数字经济能够将落后地区的产品和服务推向更加广泛的市场，打破地理限制，通过线上销售模式，为偏远地区的人们提供创收渠道。随着数字技术和数字基础设施的普及，位于欠发达地区的个人和小企业都可以通过数字渠道销售产品和服务，从而增加收入来源。最后，数字经济缓解了企业的融资约束。非中心城市和县域集聚了大量的民营企业和中小企业，这些企业往往面临融资困难、融资成本高等问题。随着数字经济的普及，数字金融业快速发展，金融等行业的准入门槛降低，为这些民营企业和中小企业获取资金提供了支撑，从而促进了企业的发展和创新。数字支付工具的普及也使得偏远地区居民进行金融交易和支付更为便捷，为当地人均收入和财富水平的提升带来了贡献。

总而言之，数字经济通过区域间要素自由流动、市场一体化程度加深、产业布局合理化、公共服务均等化，缩小了区域间人均收入差距。从就业来看，数字经济通过提供丰富且低成本的就业信息、带来新的就业岗位、提升劳动力的就业技能，提升了落后地区居民的收入水平，促进了共同富裕。从创业角度来看，数字经济提供了更多的创业信息、丰富了创业选择、拓展了市场范围并缓解了落后地区企业的融资约束，促进了区域收入差距的缩小，进一步推动了共同富裕目标的实现。

本章小结

　　数字经济作为当今社会经济发展的重要引擎，不仅为各地区带来了新的机遇和挑战，在促进区域协调发展和缩小地区差距方面也发挥了显著的积极影响。第一，数字经济加速了新型生产要素的形成，同时促进了各传统要素在区域间的自由流动，从而优化了要素生产结构，提升了资源配置效率。第二，在要素自由流动的基础上，数字经济通过打破要素和产品市场的分割，推动区域间基础设施互联互通，进而促进了区域市场一体化，进一步缩小了区域发展差距。第三，数字经济下要素的自由流动和市场一体化，为区域间产业升级和协同发展提供了基础，使得产业呈现出合理化、分散化特征。第四，数字经济带来了数字基础设施的普及，为政府和市场提供了更多数字化服务，加强了落后地区的数字化智力建设，改善了落后地区的营商环境，并保障了居民的医疗和民生需求，促进了区域间公共服务的均等化。最终，通过缩小区域间要素、市场、产业、公共服务的差距，数字经济为落后地区的居民带来了更多就业和创业机会，促进了区域间收入分配格局优化。

　　总体而言，数字经济在促进区域协调发展和缩小地区差距方面发挥了重要作用。通过数字化技术的运用，数字经济打破了地域，促进了要素跨区域自由流动、区域市场一体化和产业协同发展。同时，数字经济也为公共服务的均等化提供了切实可能，使得偏远地区能够享受到与其他地区同等的服务水平，进而推动了区域收入分配格局的优化，最终促进共同富裕的实现。

第五章

数字经济与群体差距

减少群体间收入差距的重要性与现状分析

　　党的二十大报告指出，"促进机会公平，增加低收入者收入，扩大中等收入群体"。目前中国收入分配不均衡问题仍然较为突出，收入结构正在经历从"金字塔型"到"陀螺型"再到"橄榄型"的转变。"橄榄型"收入分配结构的关键在于提升低收入群体收入，扩大中等收入群体规模，促进全体居民收入向上流动，最终达到全社会的共同富裕。在理论和实践中，除了高、中、低收入群体之间需要缩小差距以外，高低技能群体收入差距、性别群体收入差距和代际收入流动性也广受关注。

　　高低技能群体收入差距指的是不同人群因拥有不同技能和知识水平，从事不同职业或行业，从而在收入上存在差异。通常情况下，高技能工作和专业领域的从业者往往能够获得更高的薪资和更好的就业机会，而低技能工作的从业者则可能面临较低的薪资水平。性别群体收入差距指的是男性和女性之间的收入差异。随着时代变迁，男女平等意识逐渐增强，但女性在职业选择、升迁和薪资方面仍比男性存在更多的局限性，因此由于性别导致的收入差距仍然存在。代际收入流动性指的是收入和贫富差距在多大程度上由父母一代向子女一代传递。子女的机会和资源分配会受到父母的影响，富裕家庭的子女往往能够获得更好的教育和培训机会，这使他们在职场上具备更高的竞争力。这种教育和技能的不平等可能导致他们更容易获得高收入的工作机会，从而进一步拉大收入差距。

长期以来，不同群体之间的收入分配一直是关乎国计民生和社会稳定的重要问题，收入分配不均将影响国家的可持续发展和社会的稳定和谐。在这一背景下，减少群体间收入差距的重要性愈发凸显。第一，群体间收入差距影响国家经济增长。当一个国家的经济发展达到一定水平后，不平等的收入分配往往会形成一种结构性障碍，抑制经济的进一步发展。这种不平等主要表现为较贫穷的社会群体在经济增长中获得了更少的收益。或者说，经济增长带来的利益并没有在所有社会成员中公平分配。当少数人垄断了大部分财富，大多数人的消费和投资能力将受到限制，从而抑制了经济的增长潜力。相反，缩小收入差距有助于促进消费和投资的扩张，从而激活经济。通过减少收入不平等，不仅可以提升整体经济增长率，还有助于实现更为稳定和可持续的经济发展。第二，群体间收入差距影响社会稳定与和谐。过大的收入差距往往导致社会的不平等，引发社会冲突与动荡。不同群体之间的收入差距可能导致不满情绪的积聚，甚至威胁到社会的安宁与秩序。社会的和谐需要建立在公平的基础上，只有当每个人都能够公平地分享社会发展的成果时，社会才能持续稳定。社会公平与机会均等是建立在人的尊严和权利之上的基本原则，过大的收入差距可能导致某些人无法获得基本的教育、医疗和社会服务，从而进一步加剧社会的不平等。减少收入差距可以消除这些障碍，为每个人提供平等的机会，使他们能够充分发挥自己的潜力，实现自我价值，推动社会整体进步。第三，随着中国经济快速发展，目前中国的主要矛盾已经转变为人民日益增长的美好生活需要和不平衡不充分的发展之间的矛盾。在城乡、地区以及不同社会群体之间，收入差距和生活条件存在一定程度的不平衡。这种不平衡不仅会减少社会的整体福利，还可能引发各种社会问题。这是目前中国要解决的核心问题之一。而且，"以人民为中心"是中国近年来强调的一个重要发展观念。这一观念强调所有的发展活动和政策应该以提高人民的生活质量和幸福感为最终目标。因此，减少不同群体间的收入差距不仅是经济发展的必要条件，更是实现社会公平和提高人民幸福感的重要途径。

基尼系数是一个广泛被国际接受的指标，用于量化居民内部的收入分配不均情况，其取值范围从 0 到 1，值越大则意味着收入分配的不均等程度越高。根据国家统计局数据，中国基尼系数自 2008 年开始稳步下降，由 2008 年的 0.491 下降到 2015 年的 0.462，2015 年以后呈波动性上升，到 2022 年，中国基尼系数回弹至 0.474。按照联合国有关组织规定：基尼系数低于 0.2 属于收入绝对平均；介于 0.2~0.3 属于收入比较平均；介于 0.3~0.4 属于收入相对合理；0.4 则作为收入分配差距的"警戒线"。一般发达国家的基尼系数在 0.24~0.36，而中国的基尼系数常年均高于 0.4。

目前中国不同群体之间的收入差距仍十分显著。根据北京大学的"中国家庭追踪调查"最新数据显示，当前中国收入最低的 50% 人口仅获得了总收入的 13%，而收入最高的 10% 人口获得了总收入的 44%。其中，工资性收入的分布最为平均，收入最低的 50% 人口所获得的工资性收入占全部工资性收入的 14%，收入最高的 10% 人口占据了总体工资性收入的 37%。在经营净收入、财产净收入以及转移净收入 3 个方面，收入分布的不平衡性呈逐级上升的趋势，且均高于纯收入的不平均性。收入最低的 50% 人口所获得的经营净收入、财产净收入和转移净收入分别占到全部经营净收入、财产净收入和转移净收入的 16%、10% 和 8%，收入最高的 10% 人口所获得的经营净收入、财产净收入和转移净收入对应的数值分别为 46%、53% 和 63%。这一结果表明，当前中国各类收入在居民间的分配不均等程度存在差异。

此外，收入差距在居民总体中可以被进一步划分为 2 个层面：组间和组内收入差距。具体而言，组间收入差距是指不同群体之间的收入不平等，例如城乡之间的收入差距；而组内收入差距则是指同一群体内部成员之间的收入不平等，如城市或农村内部的收入差距。自 2008 年以来，中国居民收入差距的减小主要源于欠发达地区的收入快速增长，这表明局部地区的经济进步有助于缓解整体收入不平等的状况。这种情况表明，针对经济欠发达地区的扶贫政策和发展措施取得了显著成效，不同群体之间的收入差距得到有效缩减。值得注意的是，尽管总体收入不平等现象有所缓解，但在农村与城镇的各自内部，居民之间的收入差距依然呈现扩大趋势。因此，我们在关注居民整体收入差距之余，也不能忽视不同群体的组间和组内收入差距的变化。群体收入差距主要体现在高、中、低收入群体之间，高低技能群体之间，性别之间和代际收入等方面。

当前中国高、中、低收入群体之间的收入差距仍在不断被拉大。国家统计局数据显示，在 2013 年，中国高收入家庭群体的人均可支配收入为 47 457 元，与之相比，低收入家庭群体的人均可支配收入仅为 4402 元。到 2022 年，这一情况发生了变化：高收入家庭群体的人均可支配收入增至 90 116 元，而低收入家庭群体的该指标也提升至 8601 元。可见，10 年间，中国人均可支配收入大幅提升，各个阶层的居民都已经变得富裕起来。然而，从高、低收入组之间的差距来看，高收入组家庭居民人均可支配收入始终是低收入组家庭的 10 倍以上；从不同群体增速来看，2022 年低收入群体收入平均增速仅为 5.2%，分别比全国平均水平、中间收入组、高收入组低 1.1 个、1.7 个和 0.5 个百分点。由此说明，中国高、低收入居民的收入之比有所上升，这意味着贫富差距可能在扩大。这反映了社会不同收入群体之间的财富和收入分配差异的扩大，也意味着相对富裕的群体在国民经济这块蛋糕中获得了更大的份额，从而导致社会出现明显的两极分化。

在中国经济转型和发展过程中，传统的收入分配体制格局受到了巨大冲击，不同技能劳动者之间的工资差距不断扩大被广泛认为是收入不平等程度上升的主要体现之一。根据国家统计局数据，2021 年中国技能劳动者已超过 2 亿人，占就业人口总量的 26%，其中低技能劳动者超过 1.3 亿人，占技能劳动者总量的 72%。然而低技能劳动者平均工资远低于高技能劳动者平均工资，2022 年工程技术人员等高技能劳动者平均工资达 7.3 万元，而农业生产人员等低技能劳动者平均工资仅有 3.7 万元。受教育程度是决定劳动者获取高技能、高水平的专业化能力的关键因素。人力资源和社会保障部数据显示，中国受到高等教育（大专及以上）的人口所占比重在 2000 年之后出现大幅提升，至 2020 年达到 17.22%。然而，截至 2020 年，具有初中及以下学历的人口占总人口的 65.98%。在中国人口老龄化和经济结构转型的双重影响下，这一教育水平较低的人群可能面临严重的就业挑战。具体而言，劳动者中高中及以下学历者失业风险较高，且其最显著的风险特征是技能水平不足。

自中国改革开放以来，随着家庭生育水平的下降和教育事业的发展，新生代女性的受教育程度显著提高，教育的性别平等化趋势开始显现，这似乎预示着女性在经济社会中的地位将会提升，同时男女性别之间的收入差距会逐渐缩小。然而，事实却令人困惑，因为在转型期间，性别收入差距不仅持续存在，还呈现出逐渐扩大的趋势。根据国家统计局数据，2022 年中国城镇男性的平均薪资为每月 7500 元左右，女性的平均薪资为每月 6000 元左右，且在同一职业中，男性的平均薪资普遍高于女性。BOSS 直聘公司发布的《2022年中国性别薪酬差异报告》显示，女性平均月薪仅为男性的 77%，其中，一线城市性别收入差距最小，三、四线城市性别收入差距逐年拉大。

从代内视角来看，缩小收入差距通常被视为实现长期收入均等性的问题。然而，在代际视角中，这一问题转化为促进代际收入流动性的问题。代际收入弹性是衡量代际间社会流动的主要指标，代表父母收入提升百分比与子女收入提升百分比的比值。代际收入弹性越大，两代人的收入相关程度越大，社会流动性越低。靳玉琼和张宇润基于中国健康与营养调查数据库的数据，估计了中国代际收入弹性的变化趋势。结果显示，中国代际收入弹性从 2004 年的 0.641 降低到了 2018 年的 0.497。这一研究结果表明，在中国，代际收入弹性总体上呈现下降趋势。然而，与其他国家的相关研究数据进行比较时，中国的代际收入弹性仍然相对较高。

综合以上分析可知，收入差距在中国仍然是一个未解决的关键问题。尽管自 2008 年以后，中国的整体收入差距有所缓解，但收入差距水平依然相对较高。共同富裕是一个国家追求的重要目标，而减少群体间收入差距对于实现共同富裕至关重要。群体间收入差距的扩大可能导致社会不平等和社会不稳定，阻碍经济的可持续发展。近年来，随着数字技术的不断创新和数据要素在经济社会各个领域的日益融入，数字经济正逐步转变为推动中国中等收入群体的扩大、减少不同群体之间的收入差距，并最终促进全体人民实现共同富裕的关键驱动力。数字经济的本质在于信息和数据的流动，它不受制于地域和时间，有利于各种生产要素的自由流动和资源的优化配置。具体来看，数字经济通过降低信息获取和学习的成本、扩展知识获取途径、创造就业和创业机会等方式为不同人群创造了更多发展机会，提升了人们的收入水平和技能，缓解了落后地区发展瓶颈，促进了代际收入流动性的提升。因此，数字经济不仅是中国迈进全体人民共同富裕美好愿景的必然抉择，也是客观现实所驱使的重要举措。

数字经济与"橄榄型"收入分配格局

1. 数字经济推动实现"橄榄型"收入分配格局

中央财经委员会第十次会议指出，"要扩大中等收入群体比重，增加低收入群体收入，合理调节高收入，取缔非法收入，形成中间大、两头小的橄榄型分配结构"。在橄榄型分配结构中，中等收入群体不仅数量众多，而且经济地位稳固，这有助于稳定消费和投资，进而推动经济增长。实现共同富裕的基本要求就是建立一个"中间大、两头小的橄榄型"分配结构。橄榄型收入分配结构反映的是收入分配不平等程度相对合理的分配格局，它通过扩大和稳固中等收入群体以及减少极端贫富差距，为实现共同富裕创建了有利条件。目前，中国收入分配格局仍呈差距较大的偏橄榄型。根据世界银行公布的数据，从各国的收入分配格局来看，收入差距相对较小、收入分配不平等程度处于比较平均（基尼系数处于 0.2 至 0.29 之间）和比较合理（基尼系数处于 0.3 至 0.39 之间）的国家如日本、德国的收入分布均呈橄榄型，而收入差距较大、收入分配不平等程度高（基尼系数大于 0.4）的国家，如美国和当前中国的收入分配格局均呈偏橄榄型。

实现"橄榄型"收入分配格局目标，关系着全体人民共同富裕目标能否顺利实现。这是因为中国的共同富裕既是"一种合理的、有差别的富裕，又是一种社会最底层人群都能达到最低富裕标准的富裕"。首先，提高低收入群体的收入水平是构建共同富裕的基础。通过提供更多的就业机会、提高最低工资标准、加强社会保障和福利等政策措施，可以有效改善低收入群体的生活水平，降低贫困率，提升他们参与社会和经济发展的能力。其次，缩小不同收入群体间的收入差距是实现"扩中、提低"的关键步骤。过大的收入差距可能导致社会分裂和不稳定，而较小的收入差距有助于减少社会的不满情绪，创造更加和谐的社会氛围。通过缩小不同收入群体的收入差距，可以在社会各收入群体之间建立更加紧密的联系，共同推动国家和社会的发展。最后，实现"中间大、两头小的橄榄型"分配结构有助于优化经济结构。中等收入群体在经济中扮演着重要的角色，这个群体通常有更多样化的消费需求，包括教育、娱乐、旅游和其他非基础需求等，他们是消费的主要力量，也是创新的重要动力。通过扩大中等收入群体规模，有助于推动经济结构的升级和优化，实现可持续的发展。

近年来，随着数字技术的不断创新和数据要素在经济社会生活中的广泛渗透，数字经济已经成为中国实现中等收入群体扩大、群体收入差距缩小，并最终实现全体人民共同富裕目标的重要动力。数字经济的核心是信息通信网络，通过强大的数据渗透能力和无处不在的无线网络，推动信息的高速传输和流通成本的降低。这为广大民众获取信息、教育和就业提供了更为便捷的途径。与此同时，数字经济在促进知识资源的创新、传播和共享方面也发挥着积极作用。

在数字经济发展的影响下，信息和知识资源的分布正在发生显著变革，这一变革对不同收入群体产生了差异化的影响。一方面，对于那些依靠信息资源和知识资源实现垄断地位的群体，他们原本得以通过这种垄断获取高额收益。然而，在数字经济的推动下，信息和知识逐渐去中心化，可通过互联网平台广泛传播和共享。这一转变削减了这些群体的垄断优势，从而压缩了他们的垄断收益，对其收入造成了负面影响。另一方面，通过互联互通的无线网络，以在线教育为代表的新型知识获取方式，让偏远地区的居民和低收入群体，尤其是错过传统教育机会的群体，能够通过数字经济的渠道效应重新获得知识和教育，从而增强创收能力，促使他们逐步跨越收入层级，缩小与中高收入群体的收入差距。数字经济的崛起促使社会中更多的人能够平等地参与经济活动，获取知识和机会，这为中等收入群体的扩大和低收入群体的提升创造了有利条件。

2. 数字经济提升低收入群体收入

随着人类社会进入数字时代,"长尾市场"得到了广泛关注。长尾市场不同于传统意义上的市场,它强调的是,在一个特定的市场形态下,不仅高需求的"热门"商品或服务能够获得成功,低需求的"冷门"商品或服务也有其特定的消费者群体。这意味着市场不再仅是由少数几个主流或热门产品主导,而是由大量相对小众的产品或服务组成。传统的经济模式通常难以覆盖长尾市场,原因在于物流成本、存储成本和信息不对称等因素,使得企业更倾向于集中资源于高需求或主流产品。然而,数字经济不仅能够有效地覆盖长尾市场,还能为企业提供更多的商业机会和可能性。

在工业经济时代,由于大规模、标准化的生产模式,企业将资源和注意力主要集中在具有广泛需求的产品或服务上,故而无法覆盖长尾市场。具体来说,在工业经济的生产模式下,固定成本和边际成本构成了企业决策的主要限制因素。因此,企业为了实现规模经济,通常会将其生产和营销的焦点集中在那些具有广泛需求和较高销售量的产品或服务上。然而,随着数字经济的崛起,企业拥有了更加灵活和多样的生产与分销方式,这不仅使得覆盖长尾市场成为可能,还为企业开辟了新的商业机会。在数字经济下，信息技术和网络平台极大地降低了交易成本和信息不对称，使企业能够更精细地划分市场和定位用户，从而更有效地满足长尾市场的多样化需求。此外，数字平台通过数据分析也能更准确地预测长尾市场的需求趋势，为产品设计和库存管理提供有力的支持。这种灵活和精细的市场操作不仅能够为长尾市场带来更高的价值，还能通过拓展市场范围和深化市场细分，为企业创造更多的增长点和赢利空间。

在数字经济的推动下，长尾市场有了更多的发展机会和空间。通过互联网和数字平台，商品和服务可以更精准地满足个性化需求，不再受到传统销售渠道的限制。这为长尾市场提供了发展的空间，他们可以通过创意、创新和个性化定制，满足市场的多样需求，获得可观的收益。特别是对于低收入群体，数字技术的迭代创新为他们创造了新的机会。以农村电子商务为例，偏远地区的农村居民可以通过电子商务平台将本地特色农业产品推向全国乃至全球市场，进而实现市场宽度的拓展。数字技术也降低了市场进入门槛，使得更多人可以参与创业和经济活动，从而增加了低收入群体的收入来源。数字技术不仅为传统市场中的主流群体带来了新的商机和赢利空间，更为长尾市场创造了增收机会和发展空间，进而在拓展市场宽度和挖掘市场深度方面发挥了重要作用。这一过程不仅有助于改善低收入群体，尤其是偏远地区相对贫困居民的收入劣势状况，同时也发挥着显著的"减尾效应"，使得更多的长尾市场能够享受到数字经济带来的"数字红利"。

数字经济的"减尾效应"主要是通过缓解信息匮乏、降低交易成本、增加就业机会和提升创业机会实现的。

第一，缓解信息匮乏。信息不对称理论指出，在信息获取过程中，不同群体之间可能存在信息的不对称性，导致信息的获取和利用存在不公平现象。数字经济的兴起促进了信息流通的速度，这种加速化的信息流通为消费者提供了更为及时的信息获取渠道。由此产生的信息透明性增强了消费者对替代选择的认识，从而促进了商品与需求之间的优化匹配。数字经济通过提供在线教育、智能搜索、个性化推荐等功能，减少了信息获取的不对称性，使低收入群体能够更容易地获取和利用有价值的信息资源。首先，数字技术改变了知识传播的局限性。随着数字技术的迭代创新和信息通信网络的互联互通，借助迭代创新的数字技术和互联互通的信息通信网络，打破了传统知识传输方式辐射范围有限的约束。传统知识传输方式通常受限于地理范围和资源分布，使得知识的流通往往受到限制。然而，随着数字技术的不断发展和信息通信网络的普及，这种限制被逐渐消除。迭代创新的数字技术不仅使知识可以以更高效的方式被创造、整理和传播，同时也使得知识的传输不再受到时空的束缚。通过互联互通的网络，知识可以在瞬间跨越国界、越过大洋，迅速传播到世界各地，无论地理位置如何，人们都能够及时获取到最新的知识和信息。其次，数字技术缓解了低收入群体的信息不对称和机会不平等。过去由于地理限制和资源匮乏，低收入群体往往难以获取到高质量的知识资源，导致信息的不对称和机会的不平等。然而，随着数字技术的普及，这些障碍正在逐步被消除。低收入群体通过互联网可以轻松地接触到丰富的学习资料、教育平台等，从而拓宽了他们获取知识的途径。特别是在教育领域，数字技术使得远程教育成为可能，让那些在远离城市的地区和贫困家庭的孩子也能够接受优质的教育。最后，知识资源的普及帮助低收入群体更好地融入经济活动中。知识资源的溢出效应不仅能够改变个体的命运，也有助于推动整个社会的发展。通过数字技术的普及，低收入群体可以获得更多的培训机会，提升自身技能和就业能力，进而融入更广泛的经济活动中。这不仅有助于提高他们的收入水平，也有助于推动社会的创新和进步。

第二，降低交易成本。信息效率论强调技术创新和智能化处理，数字经济能够提高信息的获取、传输和匹配效率，使信息更快速、精准地传递到需要的人群，从而降低了信息获取的时间和成本。首先，数字经济降低了信息匹配成本。依托信息通信网络所催生的数字技术不断迭代创新，极大地提升了网络信息的匹配效率，为我们带来了前所未有的便利。这一趋势不仅在数据信息的归类上变得日益智能化，在信息检索和获取方面，尤其对于低收入群体而言，其益处更加显著。相对于高收入群体，低收入群体更加敏感于数字经济所带来的信息成本降低效应和学习成本降低效应。其次，数字经济降低了搜寻时间成本。数字技术的迭代创新使得信息的获取和传播变得更加高效和智能化，使得人们可以更快速地找到所需的信息。特别是低收入群体，他们往往依赖信息来改善自身状况，例如找工作、获取教育资源、掌握健康知识等。数字技术的进步为他们提供了更加平等的机会，使他们能够依据信息类别迅速找到所需信息，从而提升自身能力和机会。在低收入群体中，数字经济所带来的信息匹配效率的提升和知识资源获取成本的降低效应，可能会表现得更为显著。这主要归因于高收入群体多数生活在信息发达、知识资源丰富的地区，他们原本就拥有多样化的信息搜寻方式和知识获取途径。因此，数字技术的创新对于他们而言，更像是锦上添花，为已有优势提供了进一步的增益。而对于低收入群体，这些创新则是雪中送炭，为他们扫清了获取信息和知识资源的障碍，从而帮助他们更好地融入社会发展的浪潮。这种不同收益的差异，有助于缩小群体收入差距。

第三，增加就业机会。数字经济不仅改变了传统的商业模式，还催生了新业态，其中共享经济和零工经济成为引人注目的特点。这些新兴模式为低收入人群提供了更多的就业机会，带来了前所未有的灵活性和收入来源，从而在一定程度上缓解了社会中的收入不平等问题。零工经济指的是通过在线平台进行短期项目、任务或服务的工作形式。低收入人群可以根据自己的技能和时间，选择适合自己的任务参与，如送外卖、家政服务、维修等。这种灵活的工作方式使得低收入人群可以更好地平衡工作和生活，根据自己的时间和兴趣来选择工作项目，提高了工作的满足度和生活质量。同时，这些零工经济平台也为低收入人群提供了更多的就业机会，使他们能够更好地利用自己的技能和时间来增加收入。这些灵活的就业机会使他们能够充分利用自己的时间和技能，增加收入来源。共享经济作为数字经济的重要组成部分，通过在线平台将个人的闲置资源、时间和技能与需要者进行匹配，实现了资源的最大化利用。低收入人群通过这些共享平台，如网约车、共享住宿、共享办公等，可以将自己的资源充分利用起来，从而获得额外的收入。举例来说，一个低收入家庭可以通过共享出租自己的空闲房间或汽车，从而赚取一些额外的钱。这种灵活的就业机会不仅提高了低收入人群的收入，还为他们创造了更多的经济价值。

第四，提升创业机会。共享经济、平台经济等新兴模式为低收入人群提供了创业机会。通过电子商务平台、社交媒体等，低收入群体可以以较低的成本开展小规模的创业活动，将自身的技能、特长或产品推向市场。首先，通过在线平台和电子商务，低收入群体可以在不需要大量资金的情况下开始自己的业务。传统的实体店面需要高昂的租金和启动成本，而在线销售可以极大地降低初始投资和运营成本。无论是在家制作的手工艺品、家庭烹饪的美食，还是专业技能如设计、写作，低收入群体都可以借助数字平台将其转化为商机。其次，共享经济平台的兴起为低收入群体提供了将闲置资源变废为宝的机会。无论是一辆闲置的汽车、一个空闲的房间，还是其他未被充分利用的资源，通过共享经济平台，低收入群体可以将这些资源变成收入来源。这种模式不仅可以提供额外的收入，还有助于减少浪费和资源过度消耗。最后，数字经济催生了各种在线融资平台，为低收入创业者提供了筹集启动资金的渠道。他们可以通过众筹、借贷等方式获得资金，支持创业项目的落地。低收入创业者往往面临融资难题，而数字金融平台使得小额贷款、众筹等融资方式更加容易使用，为他们提供了创业所需的资金支持。

3. 数字经济促进中等收入群体向上流动

数字经济对于扩大中等收入群体规模、减少社会不平等的"流动效应"主要是通过增加高端就业机会、提升创业成功概率、拓展社会关系网络、优化资产配置效率和促进人力资本投资实现的。具体来说，互联网、人工智能、大数据、云计算和区块链等新兴技术不仅在各个行业中创造了高薪、高技能的职位，还催生出了全新职业形态。数字平台和工具使得个体和家庭能更有效地进行资产管理和财富增长，同时在线教育和培训资源也让人们有更多机会提升自身能力和技能。这一系列变化合力推动中等收入群体有更多的机会和资源实现社会和经济的向上流动，进而有助于减缓社会不平等和促进更加包容性的经济发展。

第一，增加高端就业机会。数字产业和互联网产业的快速发展催生出了新业态、新模式，为经济发展创造了许多新的高端就业机会。人工智能、大数据分析、区块链、物联网等技术涵盖了广泛的领域，如科技、金融、医疗、媒体等。这些新业态的发展不仅推动了传统行业的数字化转型，也创造了许多高技能、高知识的岗位。首先，数字化技术的广泛应用催生了对专业人才的需求。人工智能和大数据分析需要专业的数据科学家和机器学习工程师来处理和分析庞大的数据集，提取有价值的信息。区块链技术需要专业的开发人员来构建安全的分布式系统。这些领域的专业人才往往具有较高的学历和技能，为高端就业提供了机会。其次，数字产业和互联网产业的创新性发展带来了新型职业。以社交媒体经理、内容创作者、电子商务经理等为例，这些职业在过去并不存在，但随着数字经济的兴起，成了热门的高薪职业。这些职业需要创意和沟通能力，同时也需要对数字技术的熟练掌握，为高端人才提供了更多选择。最后，数字化带来了全球化的机会。远程工作和跨国合作成为可能，人们可以在不同国家的公司工作，或者利用互联网从事自由职业。这种灵活性和全球化的合作模式为高端人才创造了更多的就业机会，不再受限于地理位置。

第二，提升创业成功概率。数字经济市场的扩大显著提升了中等收入群体创业成功的概率，数字化技术和新商业模式的推动为他们创造了更有利的创业环境和机会。首先，数字经济创造了更广泛的市场触达机会。随着互联网和社交媒体的普及，创业者可以借助这些平台来宣传和推广自己的产品或服务。创业者通过在线渠道能够更有效地与潜在客户互动，建立品牌知名度，拓展市场份额，从而提高创业的成功概率。其次，数字经济推动了市场细分和个性化定制，创造了更多适合中等收入群体创业的市场空间。这些群体能够更好地了解和满足特定消费者的需求，提供个性化的产品和服务，从而在市场上获得竞争优势。以定制化健康食品平台为例。在传统的食品市场中，大型制造商通常专注于大众市场，生产适合大多数人的食品。这样的模式虽然规模经济明显，但往往忽视了有特殊健康需求或口味偏好的消费者。随着数字经济的发展，一些中等收入的创业者发现了这个市场空间，并运用数字技术来填补这一缺口。通过创建在线平台，利用机器学习和数据分析技术为消费者提供个性化的健康食品推荐。这样的平台不仅能够更准确地满足个别消费者的需求，还能通过社交媒体和其他数字营销工具，精准地将其产品推送给可能感兴趣的用户。最后，数字经济为中等收入群体创业提供了一种更低风险的途径。在传统经济模式中，创业通常需要大量的前期投资，包括但不限于物理空间（如商铺或办公室）、员工、生产设备和大量库存等。这些"重资产"需要大量的资金和维护成本，增加了创业的财务风险。然而，在数字经济中，许多创业公司或个体可以通过在线平台开展业务，从而避免许多传统业务所需的高昂成本。

第三，扩展社会关系网络。数字经济的发展为中等收入群体带来了更多社会融入机会，通过社交媒体和在线平台，他们可以更广泛地参与社会活动、文化交流和知识分享，扩展社会关系网络。首先，社交媒体和在线平台为中等收入群体创建了开放的交流渠道。通过社交媒体，他们能够与各个社会群体进行互动，分享自己的观点和经验，建立更多的人际联系。这种社交互动不仅增加了他们的社会参与感，还为他们提供了获取信息、了解时事和发展前沿知识的机会。其次，数字经济的发展促进了文化多样性和跨界交流。通过在线平台，他们可以与不同文化和领域的人进行交流，深入了解各种不同的观点和见解。这不仅有助于提升他们的文化素养，也为他们在跨领域合作中发挥更大作用创造了机会。最后，数字技术的崛起还为中等收入群体提供了更多创业和自我展示的机会。在线平台使得他们可以展示自己的才华和技能，推广个人品牌，获得更多的曝光和认可。这种自我展示有助于提升他们的社会地位和影响力，进一步减少社会边缘化和孤立感。

第四，优化资产配置效率。数字经济的迅速发展为家庭金融理财提供了全新的机遇和工具，通过提高投资便利性和金融可得性等途径，有效地促进了家庭金融资产配置效率的提升，进而提高了家庭的收入水平。首先，数字技术为家庭金融理财提供了更加便捷和灵活的方式。互联网和移动应用的普及使得家庭能够随时随地进行金融投资和理财操作。通过在线银行、投资平台、理财应用程序（APP）等，家庭可以方便地进行资金的划转、投资组合的调整，实现资金的高效流动和配置。这不仅降低了金融交易的时间和成本，也提高了金融资产的流动性和灵活性，使家庭能够更好地应对不同的金融需求和风险。其次，数字经济的发展为家庭提供了更多的金融产品和工具，丰富了资产配置的选择。通过数字化平台，家庭可以轻松地获取各类金融产品的信息，了解不同的投资选择和风险特点。这使得家庭可以根据自身的风险承受能力和投资目标，选择适合的金融产品进行配置，从而实现更为多样化的资产投资组合。这有助于降低家庭的风险暴露，提高投资效益。此外，数字经济的发展也促进了金融知识的普及和教育，提升了家庭金融理财的能力。通过在线教育平台和金融知识分享，家庭可以学习金融知识、投资技巧和风险管理策略，提升金融素养。这有助于家庭更加理性地进行金融决策，避免盲目投资和损失风险，进一步提高了金融资产配置的效率和收益。

第五，促进人力资本投资。数字技术为人力资本投资创造了更多的机会和方式。首先，数字化教育和培训平台使得知识的获取变得更加便捷和灵活。在线学习、网络课程和远程培训不仅能够满足个体的学习需求，还能够让学习变得更加个性化和可定制化。其次，数字技术为人力资本的培养提供了更多的工具和资源。虚拟实验室、在线模拟和数字化教材可以提供更具交互性和实践性的学习体验，帮助他们更好地掌握知识和技能。最后，数字经济为中等收入群体，尤其是工薪阶层，提供了时间和空间上的便利。在传统模式下，工薪阶层因为工作时间和地点的限制，往往难以找到合适的时间和机会进行进一步的学习和培训。数字化技术使得各种教育资源和培训课程能够在线获取。这不仅减少了时间和空间的限制，还允许工薪阶层在工作之余灵活地安排学习时间。

数字经济与高低技能劳动者收入差距

1. 数字经济缩小高低技能劳动者收入差距

在传统经济模式中，高技能劳动者和低技能劳动者之间的收入差距常常是明显的，因为高技能劳动者通常掌握着更多的专业技术和知识，因此更能适应快速变化的市场需求。然而，在数字经济的推动下，这种差距正在逐渐缩小。数字经济的崛起导致了很多新兴产业和工作模式的出现，比如远程办公、共享经济、电子商务和内容创作等。这些领域并不一定要求高度的专业技能，却提供了与高技能工作差距不大的收入机会。例如，通过社交媒体营销或内容创作，即使是低技能劳动者也有机会获得与高技能劳动者相当的收益。更重要的是，数字平台的普及还大大降低了市场准入门槛，使得低技能劳动者能够更方便地参与各种经济活动，从而增加他们的收入来源。

虽然数字经济为低技能劳动者提供了短期内提高收入的机会，但是一些研究表明，随着数字经济的发展，高低技能劳动者之间的收入差距也可能逐渐拉大。然而从长期来看，技能提升仍然是缩小高低技能群体收入差距的关键。在这方面，数字技术同样发挥了巨大的作用。例如，现如今有大量的在线教育平台，提供从编程到营销、从人工智能到数据分析等多种专业课程，这些平台通常都比传统教育机构更加灵活和经济，这样一来，低技能劳动者就有更多的机会和时间去提升自己的技能和知识水平。另外，数字技术还带动了个人品牌建设和个人发展的全新模式。例如，通过社交媒体和个人博客，个人可以展示自己的技能和成就，与潜在的招聘者或客户建立联系，这不仅能够帮助他们在职场上取得更好的机会，还有助于提高他们的谈判能力和市场价值。综合来看，通过这些渠道，低技能群体有机会逐渐提升自己，从而在长期内缩小与高技能群体之间的收入差距。

2. 增加原技能的就业机会

随着互联网的广泛普及，数字经济正日益成为推动经济发展和就业增长的重要引擎。数字经济引发了行业结构的升级，促使传统产业向数字化、智能化方向转型。这种行业结构的变化带来了新的工作岗位和就业机会，吸引了更多劳动力进入数字经济相关领域。数字经济的快速发展带来了大量的数字化服务需求，这使得低技能群体利用其本身技能就业的机会增加。因此，数字经济为劳动力市场打开了新的发展空间，吸引了包括高技能和低技能群体在内的大量劳动者进入与数字经济相关的多个领域。

首先，数字技术使得求职过程更加便捷和高效。低技能劳动者可以通过在线招聘平台、社交媒体和数字化简历来寻找就业机会。在数字经济时代，各种在线招聘平台如普通职位发布网站、专业招聘网站、兼职平台等迅速崛起，为低技能劳动力提供了广泛的求职机会。这些平台允许个人发布简历、浏览职位、进行应聘，并能根据技能和地理位置进行智能匹配。低技能劳动者通过在线平台能够更广泛地接触到潜在招聘者。这样的渠道不仅可以帮助他们找到适合自己技能和需求的工作，还能够与潜在招聘者直接互动，展示自己的技能和能力。

其次，数字经济催生了共享经济和零工经济，这为低技能劳动者提供了更多的灵活就业机会。共享经济通过平台化和资源共享的方式，将个体的闲置资源或服务转化为经济价值。低技能劳动者可以在共享经济平台上提供各种服务，如拼车、住宿、家庭助理等。这种模式不仅能够提供额外的收入，还能够根据个人时间和能力来灵活地选择兼职工作，满足他们的就业需求。零工经济强调短期项目和灵活性，为低技能劳动者提供了更多的就业机会。这种模式允许他们根据自己的时间和能力来选择工作，提高了就业的灵活性和多样性。共享经济和零工经济通常不要求很多的专业技能和经验，这降低了低技能劳动者进入这些领域的门槛。他们可以通过简单的培训和指导迅速掌握所需技能，从而迅速参与到经济活动中。通过参与共享经济和零工经济，低技能劳动者可以从多个渠道获得收入，减轻经济压力。这些兼职机会不仅为他们提供了额外的收入来源，还能够在经济不稳定时期充当一种经济缓冲。

3. 通过培训提升已有技能

随着数字技术在各个领域的广泛应用，劳动者的技能需求发生了深刻的变化。为了适应这一变化，劳动者不断进行职业培训和学习，以提升自身的数字化、信息化和技术应用方面的知识和技能。数字经济的发展在降低不充分就业方面发挥了积极作用，其中劳动者就业技能结构的升级是关键要素。这种技能偏向型的技术进步路径不仅提升了城市就业水平，还推动了劳动者就业技能的提高，尤其表现在对中等技能劳动者的创造性效应。通过这一路径，数字经济有效地缩小了技能与就业机会之间的不匹配，提高了劳动者市场的整体效率和动态性。

政府、非营利组织和企业时常推出技能提升计划，为低技能劳动者提供免费或低成本的培训机会。这些计划旨在提升劳动者的就业能力，使他们能够胜任更多工作。互联网的普及为低技能劳动者提供了更加灵活、便捷、多样化的培训途径，使他们能够通过在线学习平台学习新的知识和技能，提高自身的就业竞争力，实现职业发展目标。这对于促进低技能劳动者的就业和社会融入具有积极的影响。

4. 通过教育获得新的技能

在数字经济时代，信息的流动更加自由，资源的获取更加便捷，数字经济的成本效应和渠道效应带来的红利为教育公平性的提升创造了有利条件。特别是"互联网+"的广泛应用已催生了知识的高效流通，显著降低了教育资源的获取成本。这一变革为公民创造了更为经济、高效的途径，以接触优质的教育内容，进而普遍提升了社会整体的教育水平。

首先，数字经济的发展使得教育资源变得更加丰富且易于获取。以前，获取优质的教育资源往往需要耗费巨大的时间和金钱。例如，想要获得一本教材或参加一场讲座，可能需要付出不小的代价。然而，在"互联网+"时代，教育资源得以数字化传播，人们可以通过网络轻松地获取各种教育内容。在线课程、教育平台、开放式在线课程（MOOC）等，都为学习者提供了丰富多样的学习资源。这不仅降低了学习的经济成本，还提高了学习的灵活性和自主性，使得更多人有机会接触到高质量的教育资源。

其次，数字经济的发展使得教育资源的传播更加广泛和快速。互联网技术的普及使得知识可以迅速传播到全球各个角落，摆脱地理空间的限制。这就意味着即使生活在偏远地区的人也能够便捷获取优质的教育资源。例如，一个位于农村的学生通过互联网可以观看来自世界一流大学的在线课程，与全球范围内的学习者互动交流。这种跨越地域的教育传播方式有助于消除地理差异对教育资源获取的限制，使得教育机会更加平等。

最后，数字经济的发展还促进了个性化、差异化的教育模式的兴起，进一步提高了教育公平性。在传统教育模式下，由于师资和教育资源有限，学生往往只能接受一种统一的教育内容和教学方式。然而，在数字经济时代，个性化教育得以实现。学习者可以根据自己的兴趣、学习节奏和能力选择适合自己的学习内容和方式。在线学习平台可以根据学习者的学习历史和表现，智能地推荐适合的课程和教材，为每个学生量身定制教育路径。这样的个性化教育模式有助于满足不同学生的学习需求，减少了因资源不足而造成的教育不平等现象。

5. 激发低技能的创业潜能

随着数字经济的迅速发展，创业门槛正逐步降低，低技能创业者或许能将他们可能被埋没的特殊才艺或技能转化为可赢利的创业机会。在传统经济体系下，许多低技能劳动者的特殊才艺或技能常常被局限于地域或特定群体，难以转化为经济价值。然而，在数字经济的推动下，这些原本可能被埋没的才艺和技能得以通过互联网平台广泛展示，从而获得来自全国乃至全球的观众。这种扩大的可见性和可达性，对于低技能创业者，特别是对偏远地区的农村居民而言，不仅为他们提供了实现个人价值和才艺转化的新途径，还有助于提高他们的经济收入。

首先，数字经济拓宽才艺展示的平台和途径。在传统经济体系下，以往的低技能创业者通常面临高昂的推广成本和有限的市场覆盖面。然而，数字经济通过提供低成本、高覆盖面的推广平台，如直播和社交媒体，打破了这一局限。例如，在音乐、舞蹈、绘画、幽默、烹饪、手工艺或家居装饰方面具有特殊才艺的人可以借助这些平台直接与广大观众互动，展示自己的才艺，进而快速建立个人品牌。同时，这些平台通常内置有高效的推荐算法，使得内容能更容易被目标观众发现，从而放大了创业者才艺的社会影响力。

其次，数字经济提供专业化赢利途径。在数字经济下，尤其是特定领域的"网红经济"，低技能创业者可以通过专业化的途径来提升个人品牌价值，并实现稳定的收入。例如，一名擅长烹饪的"网红"可以与厨具品牌进行合作推广，或者通过销售自己设计的烹饪工具来获取额外收益。这种专业化的赢利模式，相对于传统的、依赖于低技能劳动的收入方式，更为高效和可持续。

最后，数字经济助力持续成长。数字经济环境下的快速反馈和资源整合为低技能创业者提供持续成长的动力。数字平台不仅提供了快速的市场反馈机制，也为低技能创业者提供了与其他创业者或企业的连接和资源整合机会。通过收到来自观众和客户的实时反馈，创业者能更快地调整、优化产品或服务，以满足市场需求。同时，与其他同行或者潜在的商业合作伙伴建立联系也变得更加容易，从而提供了持续创新和成长的可能性。最终，低技能群体的收入不再由他们本身从事工作的技能来决定，而是由他们的最大潜能来决定。

数字经济与性别收入差距

1. 数字经济缩小不同性别群体收入差距

不同性别之间的收入差距一直是社会关注的焦点。女性在职场和经济活动中往往面临较低的收入和较少的职业机会，这一现象在传统经济模式下尤为明显。女性在许多领域面临着种种障碍，例如低薪、职位晋升限制和不平等的工作条件等。然而，数字经济正在改变这一现象，为缩小性别收入差距打开了全新的大门。电子商务、社交媒体营销、在线教育等新兴领域对技能和知识有较大的需求，而这些领域通常更注重能力而非性别。这样的趋势不仅为女性提供了更多的职业机会，还促进了在工作场所的性别平等。例如，许多女性已经开始利用社交媒体平台来展示自己的专业能力或创意产品。通过这样的平台，她们不仅能够吸引更多的关注，还能更容易地与潜在客户或招聘者建立联系。

随着数字技术的普及，工作和学习的方式也发生了深刻的变化。这些变化为女性提供了更多灵活的工作和教育机会，从而有助于缓解传统职场中家庭与工作之间的冲突。研究表明，数字经济对女性劳动者工作转换后的收入提升显著高于男性，有效缩小了性别收入差距。随着互联网逐渐向中高年龄群体渗透，越来越多的中老年女性使用互联网，从而提升了自身收入水平，缩小了性别工资差距。在数字经济下，远程办公和自由职业成为可能，这使得女性能够更灵活地安排工作和家庭生活。比如，一名需要照顾家庭的女性可以选择在家远程办公，或者成为一个自由职业者，以适应她个人和家庭的需求。除了工作方式的灵活性，数字经济也带来了教育上的便利。在线教育平台允许女性根据自己的时间表和个人需要来学习新的技能或提升现有的知识。这种学习方式不仅更加高效，而且还能够打破地域和时间的限制，让女性有更多机会进入高薪和高需求的职业领域。

2. 优化女性空闲时间

数字化与智能化技术的发展大大简化了信息获取和交流的过程，促使人们更加便捷地接触到各类信息和机会。这使得居家女性也能通过数字媒介进行日常生活与市场参与活动，有助于增加其工资收入水平。数字化技术让居家女性能够在家中从事远程工作，这使得女性可以更好地平衡家庭和职业，充分发挥她们的才华和技能，从而实现收入的增加。通过数字媒介，居家女性可以与客户、合作伙伴和聘请者保持有效的沟通，开展高薪酬的脑力劳动，提高自己的收入水平。数字化和智能化的进步也改变了传统家务活动的方式和效率。智能家电的应用使得家务劳动更加便捷、高效，节省了女性大量的时间和精力。例如，智能洗衣机、智能扫地机器人等的出现，使得家庭清洁工作更加简单，女性可以将更多时间投入到其他有收入的经济活动中，从而提高了家庭内的生产率和整体收入水平。

越来越多的女性选择通过互联网平台开展创业，如开设网店、进行网络营销、提供咨询服务等。这种低成本、灵活性强的创业方式，使居家女性能够利用自己的兴趣和专业知识，提高经济收入。最重要的是，数字化和智能化的发展为居家女性提供了更广阔的市场和受众。她们可以利用社交媒体、电子商务平台等渠道，将自己的才华和产品推向全球，吸引更多的客户和合作伙伴。这不仅增加了她们的曝光度和影响力，也为她们创造了更多的商机。

3. 提升女性就业能力

与男性相比，网络信息的普及对女性具有显著的正外部性，尤其在提升就业技能和人力资本方面。这一普及对女性而言还带来了较高的互联网使用回报率，共享经济的兴起降低了工作搜索的边际成本，并促成了更精确的人职匹配。因此，越来越多的女性选择使用互联网作为获取信息和进行教育培训的主要渠道，这不仅有助于提高她们的就业能力，还可能改善就业环境和增加薪资福利。这些因素共同作用，有助于改变传统的性别角色认知和就业歧视现象，进而促进性别工资平等。

首先，数字经济带来的环境因素的变化，尤其是信息的丰富化和工作方式的灵活性，使得女性在不需要采取额外行动的情况下，自然而然地获得更多的工作机会，从而提升了其就业能力。这是因为数字经济下的信息普及和共享经济模式降低了工作搜寻和参与的边际成本，实现了更精准的"人职匹配"。这种环境变化在很大程度上解决了女性因家庭责任或其他因素而面临的时间和空间限制，从而提高了其在就业市场上的竞争力。

其次，数字经济为女性提供了丰富的培训资源和平台，使其能够通过专门的培训来提升个人能力，并因此在原有工作岗位上表现得更加出色，进一步提高收入水平。在线培训课程、研讨会和工作坊等多种形式的培训资源都可以方便地通过网络平台获得，这对于那些寻求进一步提升自身专业技能的女性来说，提供了一个非常有效的途径。

最后，数字经济不仅提供了培训机会，还进一步提供了更为系统和全面的教育机会。女性可以通过这些教育机会获得全新的技能和知识，从而不仅能在现有工作中表现得更好，而且还能开辟新的职业道路，从而实现收入的进一步提高。例如，通过在线课程或者远程学位课程，女性可以在不影响其他生活责任的前提下，获得新的职业资格或专业知识。

4. 规避女性体力劣势

传统的农业和工业经济依赖于大量的体力劳动，随着互联网的广泛应用，日常工作中的需求逐渐向脑力劳动倾斜，越来越多的工作开始要求复杂的思维、创造性和解决问题的能力，不仅弱化了男性在体力劳动方面的相对优势，还促使更多女性利用互联网进入高薪的组织管理和研究领域，也为女性提供了更多脑力劳动的机会，进而有望缩小性别工资差异。互联网的应用使得越来越多的工作可以在虚拟环境中完成，无须强调体力。例如，许多管理和研究岗位可以通过远程办公实现，这种趋势会削弱男性体力劳动的相对优势，而女性在这些脑力劳动岗位中有机会展现自己的才华和能力。

互联网提供了更多的灵活工作模式，使得更多女性可以在家庭和职业之间取得更好的平衡。传统的体力劳动可能需要更多的时间和体力投入，而互联网上的脑力劳动可以更好地适应女性在家庭中的角色。这使得女性能够更好地兼顾家庭和职业，有助于提高她们在职场中的竞争力，进而减少性别工资差距。同时，互联网为女性提供了更多自主创业的机会，特别是在知识经济领域。例如，通过互联网平台，女性可以开展在线教育、咨询、创意设计等高薪酬的脑力劳动工作。这种创业方式的低成本和灵活性，使得女性更容易参与并获得经济独立，从而有助于缩小性别工资差异。

数字经济与代际收入流动性

1. 数字经济促进代际收入向上流动

代际收入流动性较低是一个长期存在的社会问题。父母的社会资本、教育背景和职业地位常常会影响子女的经济命运，导致代际收入差距逐渐扩大。在代际流动性高的社会中，家庭背景对子女的影响较小，个人能力对个人发展相对更为重要。这意味着子女拥有更多的动力和机会，可以更容易地向社会的高阶层流动，而社会阶层没有固化的趋势。这种高代际流动性的社会特点有助于创造一个更加公平和机会均等的环境，使每个人都有实现自身潜力的可能。然而，在代际流动性较低的社会中，父母所处的阶层对子女所处的阶层影响非常大。这可能由于"关系"资本和"特权"等因素阻碍了社会阶层的流动。在这种情况下，子女往往没有平等的发展机会，社会阶层趋于固化，或者阶层流动非常缓慢。数字经济的兴起为改变这种现象带来了新的可能。外生的技能偏向型技术进步导致技能溢价，从而提高了教育回报率，激发了个体追求更高教育的动机，进而有助于促进代际向上流动。通过一系列创新和变革，数字经济有望缩小代际群体收入差距，创造更多高技能劳动力岗位，为下一代提供更多向上流动的机会。

随着信息技术的进步，社会对高技能和知识的需求不断增加，这使得高技能劳动者的就业前景更加广阔。这意味着子女可以通过获取高级技能和知识，从而更容易跨足到更高的职业阶层，实现社会流动。信息技术的进步也伴随着知识的不断更新，这降低了父母对子女人力资本的传递。在过去，父母所拥有的教育和技能水平可能对子女的发展产生较大影响，形成了一定的阶层固化趋势。然而，信息技术的普及使得知识和技能更加容易获取，子女有更多机会通过教育和培训提升自己的能力，不再受制于父母的局限。这种情况为子女创造了更加公平的发展环境。他们可以通过在线学习、培训课程等途径，不断提升自身技能和知识，迈向更高的职业阶层。信息技术的发展使得知识的获取更加去中心化，为更多人提供了机会，消除了一些传统阶层的限制。因此，信息技术的进步在一定程度上有助于降低代际流动的阻碍，创造更加开放和机会均等的社会环境。

2. 加强市场机制作用

数字经济通过互联网和社交媒体平台打破了信息壁垒，让低收入家庭的子女更容易获取和把握市场信息和机会。在传统经济模式中，低收入家庭的子女往往因为信息不对称和资源匮乏而难以参与市场机制，从而使得代际收入向上流动的机会有限。但随着数字经济的崛起，这一局面得以改变。数字经济带来了市场的扩大和全新的商业模式，涌生出了共享经济、零工经济、在线教育、虚拟现实等新业态，为经济活动提供了更加开放和高效的平台。市场机制作为资源配置的重要手段，通过供求关系的调节，为不同的经济主体创造了公平的竞争环境，推动着资源从低效率领域向高效率领域流动。数字技术的广泛应用使得信息的获取变得更加容易和便捷，而信息的透明度也得到了显著提高。穷人原本因为信息不对称而难以获取市场机会，而数字技术的发展使得他们能够更加方便地了解市场的需求和机会。

　　数字经济通过提供高效和双向的匹配机制，为低收入家庭的子女创造了一个更加公平的职业竞争环境。在传统的劳动市场中，信息不对称和被动匹配方式往往使得低收入家庭的子女难以找到合适的工作机会。然而，数字经济改变了这一局面。随着互联网搜索引擎技术的不断发展和成熟，传统的职业信息搜寻和招聘方式逐渐被互联网技术支持下的新模式所取代。这种新模式不仅降低了劳动力工作搜寻成本，还在信息交流和匹配效率上显著提升，尤其是对于低收入家庭子女而言，带来了许多积极的变化。互联网技术和在线求职平台使得职业信息的获取和匹配更加高效和便捷。这些平台允许求职者主动发布个人信息和求职意向，同时也能浏览招聘方的信息，从而实现更精准的匹配。这种方式不仅降低了求职的成本，也提高了求职的效率和成功率。因此，低收入家庭的子女通过这种方式可以更有针对性地寻找适合自己的工作机会，进而凭借自己的实力和努力在市场上公平竞争。

3. 降低社会资本垄断

社会资本垄断指的是少数人或机构掌握了大量资源、信息和权力，从而形成了对市场和社会的控制。数字经济通过创造开放、公平、竞争的环境，促进了市场的多元化和参与度，从而有助于减少社会资本的集中和垄断。在传统的经济模式下，由于信息不对称、资源分配不均等原因，社会资本往往形成了垄断，少数人或机构占据了市场的主导地位，限制了其他人的参与和竞争。这种垄断现象不仅限制了市场的活力，也阻碍了代际收入的向上流动，数字经济的兴起打破了这一局面。数字基础设施在落后地区的发展，可以帮助这些地区打破社会资本约束，实现经济和社会的发展。一方面，数字经济的发展催生了新的产业和就业机会，为农村子女提供了更多的选择。通过在线平台，农村子女可以参与到更广泛的产业链中，从事各种远程工作、创业项目等，不再受制于地理位置和传统行业。另一方面，数字化的市场监督和公平法治环境，减少了信息不对称和不公平竞争，使农村子女能够在公平的市场竞争中获得更多机会，实现收入的提升。

社会资本垄断常常伴随着市场进入的壁垒，这使得新进入者难以进入市场。降低这些壁垒可以让更多的年轻人和新创业者有机会参与竞争，从而促进经济的多样性和创新。数字经济可以降低传统行业的进入门槛，允许更多的新兴企业进入市场。例如，互联网平台和电子商务使得创业者可以更容易地创立在线业务，而不需要巨大的初始投资。

4. 缩小人力资本差距

互联网使用可以有效降低家庭的教育成本，弱化父母在子女教育方面的投资对子女人力资本的直接影响，从而降低子女受教育程度与父母收入水平的相关程度。

一是为低收入家庭提供了更加经济高效的教育资源。传统的教育模式可能需要家庭支付昂贵的学费、教材费用以及交通费用等开支。然而，在线教育平台和开放式课程资源（如在线课程等）使得学习资源变得更加开放和免费。这意味着家庭不再需要承担高昂的教育成本，尤其是在教育资源相对匮乏的地区，家庭可以通过互联网获得丰富的学习资料，降低了子女接受优质教育的门槛。互联网在教育方面的创新也弱化了父母在子女教育中的直接投资影响。

在传统模式下，父母可能需要为子女请家教、报各种培训班等，这些投资可能受制于家庭的经济状况和资源。而互联网上的在线教育平台和资源丰富的学习网站，使得家庭能够更灵活地选择教育方式，不再完全依赖于直接投资。这使得子女的教育更多地取决于其自身的努力和学习意愿，降低了父母对教育的直接影响。

　　二是促进低收入家庭子女获得更广泛的知识和信息，提高其受教育程度。通过互联网，子女可以轻松获取世界各地的知识，拓展视野，增加学习的广度和深度。这将有助于提高子女的人力资本，使他们在职场中更具竞争力，进而提高自己的收入水平。与此同时，父母的收入水平对子女受教育程度的影响逐渐减弱，子女更有机会根据自身的兴趣和才能进行学习和发展，从而减少了子女受教育程度与父母收入水平的相关性。

5. 促进公共服务均等

　　数字基础设施的发展可视为一种社会资本的重构手段，尤其对于农村子女来说，这一进步有潜力解决他们长期面临的社会资本不足问题。在传统社会结构中，农村子女通常依赖于父母的社会资本，而这些社会资本往往相对较弱，局限了他们的发展。然而，数字基础设施能够通过强化市场机制，冲破传统制度的机会垄断，从而提供更为平等和高效的发展途径。数字基础设施、数字医疗、数字化治理在改善公共服务方面发挥了重要作用，这些进步为低收入家庭的子女创造了前所未有的机会，从而进一步促进了代际收入向上流动。

　　首先，数字基础设施改善农村子女的教育和职业前景。传统农村地区由于教育资源和社会资本的不足，父母常常无法为子女提供良好的教育和社会背景，限制了子女的职业发展和收入增长。然而，数字基础设施的发展改变了这一局面，通过在线教育、培训平台等，父母可以为子女提供更广泛的学习机会，使其获取知识和技能变得更加便捷。这种数字化的赋能不仅有助于减少子女对父母社会资本的继承，还能够提高子女的人力资本，增加其就业机会，提升其收入水平。

　　其次，数字医疗系统促进健康服务的平等。一般父母收入水平较高的家庭往往可以让子女得到更好的医疗健康服务，从而促进个体长期发展和收入增长，而通过使用数字化的医疗系统，人们可以远程咨询医生、获取健康信息，这不仅降低了医疗的实际成本，还优化了个体健康状况，后者是收入增长和生活质量提升的基础。

　　最后，数字化治理提升政府服务效率。数字技术的应用使得政府和各类公共机构能够更加高效地管理和提供服务。数字化治理可以实现政务信息的透明化、公开化，使得政府的决策过程更加可追溯，减少了信息不对称所带来的不公平。通过使用数字化的政务平台，人们可以方便地办理各类证件、申请各种福利，避免了烦琐的流程和排队。数字化治理还可以实现公共资源的有效配置，避免了人为的干预和不公平现象。这种数字化治理使得公共服务的提供更加高效和公平，为人们提供了更多向上流动的机会。

本章小结

　　不同群体的禀赋差异和机遇不同，从而导致收入水平的差异。这种收入差距可能会阻碍劳动积极性，加剧阶层固化和资源不平等，不利于经济社会的健康发展。特别是在中国，群体收入差距问题已经成为扩大中等收入群体、提高低收入群体收入水平以实现全体人民共同富裕目标的障碍。与此同时，数字经济的崛起正产生深远影响。数字经济对于缩小群体间收入差距的积极作用从理论和实践中不断得到验证。数字技术降低了信息获取和交流的门槛，使得原本处于劣势地位的群体能够更好地参与市场，也能够更容易获得教育、就业和金融等方面的服务。第一，数字经济通过缓解信息匮乏、降低交易成本、增加就业机会和提升创业机会实现"减尾效应"，进而提升低收入劳动者收入；通过增加高端就业机会、提升创业成功概率、拓展社会关系网络、优化资产配置效率和促进人力资本投资打破阶层固化的"流动效应"。第二，数字经济增加了低技能群体原有技能的就业机会，使低技能群体能够通过培训提升已有技能，通过教育获得新的技能并激发其低技能的创业潜能，进而提升低技能劳动者收入。第三，数字经济通过优化女性空闲时间、提升女性就业能力和规避女性体力劣势等作用减少性别差异带来的收入差距。第四，数字经济通过加强市场机制作用、降低社会资本垄断、缩小人力资本差距和促进公共服务均等促进代际收入向上流动。

　　总的来说，数字经济作为推动经济社会发展的新引擎，具有巨大的潜力来缩小不同群体之间的收入差距。通过提供平等的机会、刺激创新创业、降低信息不对称和门槛，数字技术可以在促进全体人民共同富裕的过程中发挥关键作用。随着数字经济的迅速发展，我们正迈向一个更加包容和平等的未来。数字技术的普及将消除信息壁垒，为广大中低收入群体提供参与数字经济的机会。政府、企业和社会组织的共同努力将推动数字经济的可持续发展，逐步减小收入差距，实现共同富裕的愿景。

第六章

数字普惠金融如何促进共同富裕

数字普惠金融的重要性及发展现状

伴随互联网、大数据和人工智能等数字技术的出现与运用，数字金融应运而生并蓬勃发展。数字金融是指借助大数据、人工智能等数字技术，赋能投资、融资、信息中介等传统金融功能，或实现移动支付、数字货币等创新金融模式，从而对金融市场和经济发展产生重要影响。数字金融不仅是简单的技术应用，更是对于金融业务、产品和流程的创新，是一种新的商业模式和经济形态。而数字普惠金融正是以数字技术驱动的、通过数字金融来践行普惠金融理念的金融产品或服务。

理论上，金融发展可以通过实现资金的更好配置，在宏观层面促进经济增长，在微观层面促进个体的投资活动，从而提升居民收入。然而在实际中，金融机构在农村提供金融服务的成本较高，资本逐利的本性促使金融服务具有明显的排斥性，广大农村居民无法通过获取正规金融服务来提升收入。特别是在中国的城乡二元金融结构下，金融资本过多流向城市，进一步拉大了城乡收入差距。为缓解金融排斥现象，联合国于 2005 年正式提出"普惠金融"概念，并将其定义为"能有效、全面地为所有社会阶层提供服务的金融体系"。然而，传统普惠金融依然具有效率低下、成本高昂和不可持续的缺点，难以同时实现既"普"又"惠"的双重目标。

随着数字技术的发展，数字普惠金融为解决农村居民的金融排斥问题带来了潜在契机。中国互联网络信息中心数据显示，截至 2022 年 12 月，中国农村网民规模已达 3.08 亿，农村地区的互联网普及率为 61.9%，农村宽带用户总数达 1.76 亿。农村通信基础设施的完善为数字普惠金融在农村地区的推广提供了条件，很多尚未接触过电脑的农村居民开始通过智能手机使用移动支付等数字普惠金融服务。中国高度重视发展数字普惠金融，2021 年中央"一号文件"首次提出要"发展农村数字普惠金融"，《"十四五"国家信息化规划》将"数字普惠金融服务"作为优先行动，中国人民银行等部门于 2021—2023 年连续 3 年发布的《关于金融支持全面推进乡村振兴的意见》中，均提到要"发展农村数字普惠金融"。

从成本来看，数字普惠金融依托互联网等数字技术，具有更好的地理穿透性，能够低成本地为农村居民提供金融服务。从效率来看，数字普惠金融使用大数据、云计算和人工智能等数字技术，有效缓解了信息不对称问题和信用风险，提高了金融服务效率。低成本和高效率赋予数字普惠金融可持续的普惠性，数字普惠金融体现了普惠金融的应有之义。因此，数字普惠金融能够缓解农村居民等被排斥在正规金融体系之外人群的融资约束，改善农村居民对金融服务的可得性，从而有助于城乡居民收入差距的缩小，有助于共同富裕目标的实现。特别是在中国金融排斥问题集中在县级层面的背景下，数字普惠金融的发展将会对缩小县级城乡收入差距产生更为显著的影响。那么，数字普惠金融发展究竟能否缩小县级城乡收入差距，助力共同富裕？这一作用的机制是什么？这一作用是否存在异质性？准确评价数字普惠金融发展对县级城乡收入差距的影响，并厘清这一影响的作用机制，对促进数字普惠金融助力共同富裕具有重要的理论和现实意义。

基于此，本章使用手动搜集的县级面板数据对数字普惠金融发展与共同富裕的关系进行了理论分析与实证检验。通过基准回归，验证了数字普惠金融发展对城乡收入差距的缩小作用，在进行一系列稳健性检验和内生性分析后，该结论依然成立。机制分析表明，产业结构越高级、城镇化程度越高，数字普惠金融发展缩小城乡收入差距的作用越明显，产业结构升级和城镇化率提升是数字普惠金融缩小城乡收入差距的作用机制。进一步考察数字普惠金融发展缩小城乡收入差距的异质性发现，数字普惠金融发展缩小城乡收入差距的作用在中部地区、南方、非县级市和数字普惠金融发展程度中等的地区更为明显。

本章的创新点，体现在以下三个方面：

第一，更为精细地研究了数字普惠金融发展促进共同富裕、缩小城乡收入差距的作用，从而深化了已有理论的解释力度。现有研究多使用省或地级市作为研究样本进行分析，而对真正体现数字普惠金融普惠性的县级单位缺乏关注，使得数字普惠金融发展对收入分配的影响湮没在平均化意义的数据中，同时数据样本量不足也可能会影响结果的有效性。因此本章首次使用手动搜集的县级面板数据，一定程度上克服了省或地级市数据的局限性与模糊性，能够更为精细地反映数字普惠金融发展缩小城乡收入差距的作用，为研究数字普惠金融发展对收入分配的影响提供了新的微观层面的经验证据。

第二，基于县级层面的数据，发现了更多的异质性，从而拓展了已有理论的应用范围。已有研究多从数字普惠金融分指数和不同地区的角度分析数字普惠金融发展对收入差距作用的异质性，本章则基于更加精细的县级面板数据，从南北方、县级行政区划和数字普惠金融发展程度、年份等新的角度考察数字普惠金融发展对城乡收入差距的影响，进而挖掘出已有研究未发现的结论，更加全面地反映了数字普惠金融发展缩小城乡收入差距的异质性，为更好理解数字普惠金融发展的收入分配效应提供新的视角。

第三，更为深入地研究了数字普惠金融发展影响共同富裕的作用机制，从而为促进共同富裕提供了政策参考。本章较为全面和深入地研究了数字普惠金融发展影响共同富裕的作用机制和影响渠道，对已有数字普惠金融发展与收入分配的文献做出了有益补充，丰富了关于数字普惠金融发展的经济效应的研究，并为缩小城乡收入差距、促进共同富裕提供了经验支撑和思路启发，对正确认识和把握共同富裕的目标与途径具有重要的政策意义。

数字普惠金融对共同富裕有促进作用

对于传统金融发展的收入分配效应的研究，起源于对金融发展与经济增长关系的讨论。此后，大量研究对传统金融的发展能否缩小收入差距展开讨论，但并未得出一致结论。一类观点认为，金融发展缩小了收入差距，金融发展能够缓解信贷约束，且更大程度上改善了穷人的金融服务可得性，使之有机会参与创业和投资活动，因此更有利于穷人的收入增长，进而缩小收入差距。另一类观点认为，金融发展会加大收入差距，富人拥有更好的提供担保和偿还贷款的能力，因此金融发展带来的资金并未流入穷人，而是拓宽了富人获得信贷支持的路径，从而富人比穷人获得更多的投资回报，拉大了收入差距。与此同时，金融发展也会拉大不同技能劳动力的工资收入差距。金融发展会加大收入差距的观点在中国存在大量的经验证据，有研究认为金融发展没有缩小城乡收入差距的原因在于农村地区存在较为严重的金融排斥，特别是在中国的城乡二元金融结构下，对农村金融的扶持力度较弱，进一步降低了农村居民的金融服务可得性，拉大了城乡收入差距。

为缓解金融资源分配不均衡的现象，"普惠金融"概念被提出并推广实践。大量研究表明普惠金融对经济发展具有正向影响，在经济增长方面，普惠金融改善了被排斥在正规金融体系之外的群体的金融可接触性，同时能够促进家庭储蓄，进而促进消费和生产性投资，支持经济增长。在收入分配方面，普惠金融既能够降低金融服务成本，通过支持农村经济和农业发展直接缩小城乡收入差距，又通过经济增长的"涓滴效应"间接缩小了城乡收入差距。然而，亦有文献指出普惠金融与收入差距呈现"倒 U 型"关系，因而存在普惠金融加大城乡收入差距的过程。过分依赖政策扶持的普惠金融不具备可持续性，客观上存在社会性目标与营利性目标的矛盾，不仅难以引导资金流向弱势群体，甚至会因资金拨付过程中的寻租成本加大收入差距。

伴随互联网、人工智能、大数据等数字技术的发展，数字普惠金融应运而生。依托移动互联网、大数据和云计算等数字技术的数字普惠金融能够提升信息处理能力，打破传统金融服务的时空限制，降低金融服务的成本，解除广大欠发达地区和低收入人群的金融约束。数字普惠金融正因其广覆盖、低成本和可持续的特点成为普惠金融的重要模式。

已有大量文献评估了数字普惠金融的经济效应，无论是对宏观层面的经济增长、金融稳定，还是对微观层面的家庭储蓄、创新创业、居民消费等，数字普惠金融发展均产生了正向效应。在数字普惠金融发展对居民收入水平的作用方面，现有研究更多探讨数字普惠金融的发展如何影响农村居民收入。数字普惠金融发展通过机会均等化激发出农村居民更多的创业行为，进而显著提升了农村居民收入。基于农户的调查数据也显示，数字普惠金融市场参与，特别是数字信贷能够显著提高农户收入水平。

关于共同富裕与收入差距，大多数学者得出了数字普惠金融发展能够有效缩小城乡收入差距的结论。宋晓玲首次通过实证分析方法，使用数字普惠金融指数检验了数字普惠金融发展对城乡收入差距的缩小作用。此后，不断有学者使用该数据从不同角度验证数字普惠金融发展的收入分配效应，尹振涛等学者指出，以数字普惠金融指数衡量的金融科技发展显著缩小了城乡收入差距，这一效应成为农村家庭幸福感提升的来源，使用分位数回归方法的实证证据也表明，数字普惠金融发展具有缩小城乡收入差距的"数字红利"，且这一效应在低分位点处更大。总之，数字普惠金融发展能够有效缩小城乡收入差距的结论得到了学界认可，但目前缺乏更为精细的来自县级层面的经验证据，且对这一作用的机制和异质性的讨论仍不充分。基于此，本章使用手动搜集的县级面板数据，对数字普惠金融发展促进共同富裕的作用机制和异质性进行研究。

数字普惠金融促进共同富裕的机制

如前文分析，农村居民因自身资本储备、金融知识和信用水平不足，难以满足传统金融服务的高门槛，加之城乡二元结构下金融资源更多流向城市，农村金融供给不足，农村居民面临着严重的金融排斥和融资约束，影响其收入的增加，加大了城乡收入差距。因此，要想缩小城乡收入差距，促进共同富裕，实现农村居民收入的持续稳定增长将成为主攻方向和关键所在。依托大数据、人工智能等数字技术优势，从"普"来看，数字普惠金融扩大了金融服务的覆盖范围，增加了低收入人群的金融可得性，从而创造出更多的就业和创业机会，增加了农民收入；从"惠"来看，数字普惠金融打破了信息不对称，有效降低了金融服务的成本，减少了农村居民参与就业和创业活动的融资约束，从而增加了农村居民收入。数字普惠金融的这种普惠性特征能够有效缓解农村居民面临的融资约束，增加农村居民的就业和创业机会，实现农村居民收入相较于城市居民更大的幅度增长，进而缩小城乡收入差距。

从收入来源看，中国城乡居民人均可支配收入包括工资性收入、经营性收入、财产性收入和转移性收入。数字普惠金融依托其技术优势，增加了农村居民参与投资活动的时空便利性，同时为农村居民获取经济和金融资讯拓宽了渠道，提升了家庭风险承担水平，有效增加了农村居民的理财意愿，从而激发出农村居民因投资渠道少、信息获取难而未曾有的增量金融需求，相较于原有信息获取和投资渠道较为顺畅的城镇居民来说，更大幅度地提升了农村居民的财产性收入。在财产性收入对总收入差距贡献不断扩大的背景下，提高农村居民的财产性收入能够更有效地缩小城乡收入差距。与此同时，数字普惠金融的发展也缓解了农村居民面对创业和投资机会时的资金约束，改善了农村居民的存量金融需求，创业活动的增加及其引致的更多就业机会，带来农村居民经营性收入和工资性收入的提升，进而能够缩小城乡收入差距。数字普惠金融的发展既能创造农村居民的增量金融需求，直接促进农村居民财产性收入的增加，又能改善农村居民的存量金融需求，间接促进农村居民工资性收入和经营性收入的增加。在边际收益递减规律下，面临更强金融排斥的农村居民，实现了相较于城镇居民收入的更大幅度增长，因此，数字普惠金融发展缩小了城乡收入差距。

产业结构升级是数字普惠金融缩小城乡收入差距的可能机制。产业结构升级会带来城市资本流入农村和农村劳动力流入城市的资本、劳动力双向转移，由此实现数字普惠金融发展缩小城乡收入差距的作用，因而产业结构升级是数字普惠金融缩小城乡收入差距的可能机制。从"普"来看，数字普惠金融增加了农村居民的金融可得性；从"惠"来看，数字普惠金融降低了金融服务的成本，从而缓解了农村居民面临就业创业活动时的融资约束，有利于产业结构升级的实现。伴随产业结构的高级化，一方面，城市的第二、三产业会加速向农村地区延伸，促进农村地区的三产融合，延伸农业产业链条，并带动涌现出观光农业、乡村旅游等一批新业态，吸引城市居民到农村消费与投资，由此增加了农村居民的投资机会，由此，让数字普惠金融发展能更为显著地增加农村居民收入，特别是增加农村居民的经营性收入，进而缩小城乡收入差距。另一方面，产业结构升级会创造出更多第

二、第三产业的就业岗位，带动更多农村劳动力的非农就业，实现农村劳动力流入城市，从而促进农村居民工资性收入的增加，在这种情况下，数字普惠金融发展也能够通过促进农村居民的非农就业与创业，更为显著地缩小城乡收入差距。因此，伴随着产业结构升级，数字普惠金融发展缩小城乡收入差距的缩小作用将逐渐增加，即产业结构越高级的地区，数字普惠金融发展缩小城乡收入差距的作用越大。

城镇化率提升也是数字普惠金融缩小城乡收入差距的可能机制。伴随城镇化率的提升，城乡二元结构削弱，农村居民更有机会享受到与城市居民等同的投资、就业和消费机会，数字普惠金融发展也更能促进农村居民增收。从劳动力市场来看，城镇化率越高，在相对收入方面意味着城镇劳动力市场竞争加剧、工资降低，同时农村富余劳动力也减少，农村的劳动生产率提高，农村居民相对于城市居民的收入增加。在绝对收入方面，城市产业蓬勃兴起产生大量劳动力需求，城市劳动力市场吸收农村富余劳动力的过程也会增加农村居民收入，特别是工资性收入。城镇化进程推动了农村就业结构的巨大转变，在这一情形下，数字普惠金融对于农村居民收入提升的作用将更加显著，更能促进城乡居民收入的收敛。因此伴随着城镇化进程的推进，数字普惠金融发展缩小城乡收入差距的缩小作用将逐渐增加，即城镇化率越高的地区，数字普惠金融发展缩小城乡收入差距的作用越大。

数字普惠金融促进共同富裕的实证分析

1. 模型、变量、数据

为了检验数字普惠金融发展对共同富裕的影响，本章设定如下的基准回归方程：

$$gap_{i,t} = \beta_0 + \beta_1 lndf_{i,t} + \sum_{j=2}^{n} \beta_j X_{i,t}^j + \theta_i + \mu_t + \varepsilon_{i,t}$$

其中，gap 表示城乡收入差距，$lndf$ 表示数字普惠金融发展，X 表示控制变量，i 表示第 i 个县级地区，t 表示第 t 年，θ_j 表示县域固定效应，μ_t 表示年份固定效应，$\varepsilon_{i,t}$ 表示随机误差项。根据上述，β_1 衡量数字普惠金融的发展对城乡收入差距的影响。

上述计量模型中，被解释变量为县级城乡收入差距（gap）。实现共同富裕的目标是要缩小收入差距，城乡收入差距又是全国收入差距的重要方面，因而使用城乡收入差距作为共同富裕水平的测度。城乡收入差距的衡量指标众多，例如基尼系数、城乡居民收入比和泰尔指数等，考虑到数据的可得性，本章用县级城镇居民可支配收入与农村居民可支配收入的比值来测度城乡收入差距。由于国家统计局2014年之后将农村居民人均纯收入调整为农村居民人均可支配收入，本章对原始统计数据中 2014 年的农村居民人均纯收入按 2015 年公布的新口径增长率进行了调整。

上述计量模型中，核心解释变量为县级数字普惠金融（*lndf*），使用北京大学数字普惠金融研究中心编制的县级数字普惠金融指数予以衡量。北京大学数字普惠金融指数（PKU-DFIIC）基于蚂蚁集团数字普惠金融部门的大数据，从数字普惠金融覆盖广度、数字普惠金融使用深度和数字化程度 3 个维度来构建数字普惠金融指标体系。为进一步探究数字普惠金融发展的不同维度对城乡收入差距产生的影响，本章亦选用县级数字普惠金融指数的细分指标进行分析，总指数与分指数均取自然对数处理。

参考已有文献，在上述计量模型中，选取了以下控制变量：

第一，县级经济发展水平（*lnrjgdp*）。城乡收入差距与经济发展程度密切相关，收入差距随经济发展可能呈现先升后降的"倒 U 型"变化趋势，因此同时引入县级人均地区生产总值及其平方项（*lnrjgdp2*），并取自然对数。

第二，县级城镇化率（*urban*）。已有大量研究表明城镇化进程能够解决农村富余劳动力，缩小城乡收入差距，故本章引入用县级城镇年末人口占地区总人口比重表示城镇化率。

第三，县级产业结构（*ind*）。产业结构升级既能够带来

165

劳动力的转移，进而缩小城乡收入差距，也会通过促使资源向非农产业的转移拉大城乡收入差距，因此其作用方向是不固定的，考虑到在县级层面产业升级主要体现为经济服务化特征，因此采用第二、第三产业增加值之和占地区生产总值的比重来衡量县级产业升级。

第四，县级地方财政支出（expen）。一方面地方政府财政支出是社会财富再分配的重要工具，因而能够缩小城乡居民收入差距，另一方面政府支出可能带有城市倾向，因而扩大城乡收入差距，所以其作用方向是不固定的，考虑到数据的可得性，使用县级一般公共预算支出占当期地区生产总值的比例来表示县级地方财政支出。

第五，县级传统金融发展（fin）。已有研究表明数字普惠金融发展和传统金融发展相关，因此应控制传统金融发展的影响，使用（居民储蓄存款余额 + 年末金融机构各项贷款余额）/ 地区生产总值来表示县级传统金融发展水平。

第六，县级人口密度（density）。县级经济聚集程度会影响城乡收入差距，因此使用户籍人口与行政区域面积之比来表示人口密度，单位为千人 / 平方千米。

由于县级数字普惠金融指数的起始年份为 2014 年，最新更新至 2021 年，故本章的样本时间跨度为 2014—2021 年。由于市辖区农村人口一般占比较低，故将市辖区剔除，在剔除市辖区和数据缺失严重的县级单位，并对所有连续型变量在 1% 和 99% 的水平上进行缩尾处理后，本章的总样本量为13 448 个。除数字普惠金融指数外，本章其余指标的数据来源为 CSMAR 数据库、《中国县域统计年鉴（县市卷）》、所在省市统计年鉴以及在中国经济社会大数据研究平台、各县级单位政府门户网站手动搜集的县级统计公报。表 6-1 为变量的定义及描述性统计结果。

表 6-1　变量的定义及描述性统计结果

变量	变量含义	均值	标准差	最小值	中位数	最大值
gap	县级城乡收入差距	2.3287	0.6114	1.0147	2.1907	7.0147
lndf	县级数字普惠金融	4.4871	0.3392	2.5063	4.6162	4.9168
lnrjgdp	县级经济发展水平	10.4253	0.6523	8.3644	10.3553	13.2074
urban	县级城镇化率	0.4130	0.1560	0.0187	0.4258	0.9656
ind	县级产业结构	0.8155	0.1042	0.2818	0.8272	0.9938
expen	县级地方财政支出	0.2741	0.1981	0.0050	0.2197	2.0754
fin	县级传统金融发展	1.6549	0.7522	0.2280	1.5321	10.5009
density	县级人口密度	0.3431	0.2993	0.0002	0.2434	3.2360

2. 基准回归

本章首先检验了数字普惠金融发展对城乡收入差距的总体作用。表6-2体现了全样本基准回归结果。回归结果显示，在全样本基准回归中，数字普惠金融发展能够显著缩小城乡收入差距，促进共同富裕。从基准回归的第一列可以看出，数字普惠金融指数的估计系数在1%的水平上显著为负，第二列在控制了县域和年度固定效应后，回归系数的符号仍与第一列保持一致。第三列和第四列同时加入控制变量、县域固定效应和年份固定效应，第四列结果显示在控制其他因素的情况下，当数字普惠金融发展增长1%时，县级城乡收入差距将缩小0.1098，且在1%水平上显著，说明数字普惠金融发展对缩小城乡收入差距和实现共同富裕具有显著的促进作用。

表6-2　基准回归结果

	（1） *gap*	（2） *gap*	（3） *gap*	（4） *gap*
lndf	-0.5203***	-0.3014***	-0.1898***	-0.1098***
	（0.0179）	（0.0260）	（0.0263）	（0.0313）
lnrjgdp			-2.6821***	-3.2336***
			（0.3162）	（0.5033）
lnrjgdp2			0.1250***	0.1443***
			（0.0145）	（0.0237）

续表

	（1） gap	（2） gap	（3） gap	（4） gap
urban				-0.1362***
				（0.0398）
ind				-0.5608***
				（0.1529）
expen				-0.1538*
				（0.0862）
fin				-0.0190
				（0.0157）
density				0.0659
				（0.1546）
县域固定 效应	否	是	是	是
年份固定 效应	否	是	是	是
Adjust-R^2	0.0832	0.4773	0.5109	0.5266
F 值	845.2603	268.6340	242.9495	93.4901
观测值	13 448	13 448	13 448	13 448

（注：***、**、* 分别表示在 1%、5% 和 10% 的水平下显著，括号中为稳健标准误。）

　　从控制变量来分析，县级经济发展水平与城乡收入差距之间并非表现为先降后升的"倒 U 型"关系，而是"正 U 型"曲线。县级城镇化率和县级产业结构的回归系数均显著为负，说明城镇化率提升和产业结构升级均会缩小城乡收入差距。县级地方财政支出的回归系数均显著为负，表明地方财政支出有利于缩小城乡收入差距。县级传统金融发展水平的回归系数不显著，表明数字普惠金融的普惠作用并不能被传统金融完全替代。县级人口密度的回归系数也不显著，表明人口密度不会影响城乡收入差距。

3. 稳健性检验

第一，替换被解释变量衡量指标。使用泰尔指数作为城乡收入差距的替代指标，结果见表6-3。回归结果表明，数字普惠金融发展的回归系数均显著为负，与基准回归结果一致，因此本章的研究结论较为稳健。

表6-3 替换被解释变量衡量指标回归结果

	（1） *theil*	（2） *theil*	（3） *theil*
lndf	−0.5082***	−0.3675***	−0.1900***
	（0.0170）	（0.0389）	（0.0277）
控制变量	否	否	是
县域固定效应	否	是	是
年份固定效应	否	是	是
Adjust-R^2	0.1674	0.4189	0.6817
F值	891.0051	90.1299	74.2339
观测值	13 448	13 448	13 448

（注：***、**、* 分别表示在1%、5%和10%的水平下显著，括号中为稳健标准误。）

　　第二，替换核心解释变量衡量指标。借鉴对传统金融发展的研究，将数字普惠金融指数分别替换为数字普惠金融覆盖广度指数（*coverage_breadth*）和数字普惠金融使用深度指数（*usage_dept*），从金融广度和金融深度考察数字普惠金融发展的影响，结果见表6-4第一和第二列。比较不同维度的数字普惠金融发展对城乡收入差距的影响效果发现，覆盖广度指数和使用深度指数均显著为负，说明数字普惠金融的发展确实能够缩小城乡收入差距，本章的结论具有稳健性，并且数字普惠金融使用深度相较于数字普惠金融覆盖广度，缩小城乡收入差距的作用更加显著。

表6-4　替换核心解释变量衡量指标回归结果

	（1） *gap*	（2） *gap*
Incoverage_breadth	−0.0541***	
	（0.0180）	
Inusage_depth		−0.0716**
		（0.0289）
控制变量	是	是
县域固定效应	是	是
年份固定效应	是	是
Adjust-R^2	0.5283	0.5251
F 值	91.3571	93.5511
观测值	13 448	13 448

（注：***、**、*分别表示在1%、5%和10%的水平下显著，括号中为稳健标准误。）

数字普惠金融覆盖广度是数字普惠金融的前提条件与使用基础，衡量的是一种机会上的公平，通过账户覆盖率来表示，数字普惠金融的普惠性和不受地域限制的特征使得其覆盖范围更多向农村延伸，提高农村居民的金融服务可获得性，缓解其面临的金融约束，因而更大程度地提高了农村居民的收入，缩小城乡收入差距。数字普惠金融使用深度衡量的是各类数字普惠金融业务的实际使用情况，体现的是结果上的均衡，其作用发挥需以覆盖广度为基础，使用深度的回归系数表明数字普惠金融在覆盖到农村的同时，还通过提供各类金融服务切实满足了农村居民的投融资需求，进而缩小了城乡收入差距。二者回归系数的差异表明，随着数字支持程度和数字普惠金融的覆盖广度达到一定程度，受限于地理空间和人口总量，其进一步拓展的空间有限，数字普惠金融使用深度已经成为数字普惠金融发展的主要动力，因此数字普惠金融已经跨越粗放式的圈地时代，进入了拓展深度的精细化发展新阶段。

第三，将解释变量滞后一期。考虑到数字普惠金融发展发挥对城乡收入差距的缩减作用，可能具有滞后性特征，因此将数字普惠金融指数及其他控制变量做滞后一期处理，以反映该作用的滞后性特征，并在一定程度上缓解由反向因果导致的内生性问题。由于数据限制，使用滞后期后时间范围有变，因此样本量有所减少。回归分析结果如表6-5所示，可以看出，数字普惠金融发展水平滞后项的系数显著为负。与基准回归分析结果对比，结果是一致的，表明本章结论是稳健的。

表6-5　解释变量滞后一期回归结果

	（1） gap	（2） gap	（3） gap
L.lndf	−0.4787***	−0.2526***	−0.0721***
	（0.0182）	（0.0229）	（0.0206）
控制变量	否	否	是
县域固定效应	否	是	是
年份固定效应	否	是	是
Adjust-R^2	0.0809	0.4920	0.5109
F 值	688.9903	285.6343	62.3785
观测值	11 767	11 767	11 767

（注：***、**、*分别表示在1%、5%和10%的水平下显著，括号中为稳健标准误。）

4. 内生性分析

本章内生性的主要可能来源为遗漏相关解释变量和反向因果：一方面尽管本研究已使用双向固定效应模型进行估计，并尽可能全面地控制了相关变量，但影响城乡收入差距的因素众多，遗漏相关解释变量问题仍可能存在；另一方面，城乡收入差距的缩小意味着城乡经济一体化程度的提升，农村居民对金融服务的需求和可得性增强，反而可能会促进数字普惠金融的使用，故可能存在一定的反向因果性。

因此，本章使用县级单位地形起伏度（*rdls*）作为工具变量缓解潜在的内生性问题，数据来源为全球变化数据仓储电子杂志提供的中国地形起伏度公里网格数据集。地形起伏度是综合表征一个区域内海拔高度和地表切割程度的指标，计算方式为区域内海拔极差与非平地面积比例相乘后除以中国基准山体高度 500，其含义为该地区的地形起伏为几个基准山体的高度。从相关性来看，地形起伏度会影响一个区域内网络基础设施的建设成本和使用质量，地形越崎岖的区域，互联网信号的接入成本越高，即使实现接入后信号的覆盖范围也越小，信号质量越差，而数字普惠金融使用的前提正是互联网的接入，因此地形起伏度会直接影响到数字普惠金融的覆盖范围和深度发展。从外生性来看，地形起伏度作为地理信息变量，不随经济行为变化而发生变化，也不与城乡收入差距直接相关，同时本研究还加入了县级经济发展水平等控制变量，因此可以认为地形起伏度满足工具变量的排他性要求。

使用两阶段最小二乘法进行工具变量回归的估计结果如表 6-6 所示。一阶段的估计结果见第一列，结果表明地形起伏度与数字普惠金融发展之间显著负相关，地形起伏度越大，数字普惠金融发展程度越低。一阶段估计的 *F* 值为

31.96，根据经验法则，F 值大于 10 即可排除弱工具变量问题，同时 Anderson–Rubin Wald 检验的 F 值为 42.17，P 值均为 0.000，说明工具变量与内生变量强相关。第二阶段估计结果见第二列，在缓解内生性问题后，数字普惠金融发展仍显著缩小了城乡收入差距，且系数大小有所增加。同时，为了获得更加稳健的结果，本章亦使用有限信息最大似然法（liml）进行估计，估计结果如表 6-6 第三列和第四列所示，结果同样显示，数字普惠金融发展能够显著缩小城乡收入差距，且数字普惠金融发展回归系数与使用两阶段最小二乘得到的回归系数相差不大，因此本章结论较为稳健。

表6-6　工具变量估计结果

	2sls		liml	
	（1）	（2）	（3）	（4）
rdls	-0.0399***		-0.0221***	
	（0.0128）		（0.0069）	
lndf		-1.9319**		-1.8068***
		（0.8198）		（0.6359）
控制变量	是	是	是	是
县域固定效应	是	是	是	是
年份固定效应	是	是	是	是
F 值	31.96	62.70	28.43	59.42
观测值	13 448	13 448	13 448	13 448

（注：***、**、* 分别表示在 1%、5% 和 10% 的水平下显著，括号中为稳健标准误。）

数字普惠金融促进共同富裕的进一步分析

1. 机制分析

第一，产业结构升级。正如前文所述，数字普惠金融的"普"和"惠"有利于产业结构升级，而产业结构升级能够带来城市资源流入农村和农村劳动力流入城市的双向转移。从城市资源流入来看，伴随产业结构的高级化，城市的第二、第三产业会加速向农村地区延伸，促进农村地区的三产融合，增加了农村居民的投资机会，使数字普惠金融更为显著地促进农村居民增收，缩小城乡收入差距；从农村劳动力流出来看，产业结构升级会创造出更多第二、第三产业的就业岗位，非农产业对劳动力的需求增加，对农民进城就业产生"拉力"，产业升级赋能农业生产，导致农村产生了大量富余劳动力，对农村居民非农就业产生"推力"，"拉力"与"推力"的共同作用带动了更多农村居民劳动力在非农部门的就业，增加了农村居民收入，此时数字普惠金融发展也能够通过促进农村居民的非农就业与创业，更为显著地缩小城乡收入差距。因此，如果随着产业结构升级，数字普惠金融发展缩小城乡收入差距的作用越显著，则证明产业结构升级是数字普惠金融缩小城乡收入差距的作用机制。

　　将数字普惠金融与产业结构的交互项引入基准回归模型，回归结果见表6-7。由回归结果可知，数字普惠金融的系数显著为负，数字普惠金融发展与产业结构的交互项也为负，即伴随着产业结构的升级，数字普惠金融发展缩小城乡收入差距的作用逐渐增强，在产业结构更高级的县级单位，数字普惠金融的发展更能够发挥缩小城乡收入差距的作用，从而验证了产业结构升级这一作用机制。

表6-7　产业结构升级的机制分析

	（1） gap	（2） gap
lndf	−0.2719***	−0.0777***
	（0.0761）	（0.0254）
lndf × ind	−0.2606**	−0.2139**
	（0.1062）	（0.1080）
ind	−0.1479***	−0.0734**
	（0.0567）	（0.0319）
控制变量	否	是
县域固定效应	是	是
年份固定效应	是	是
Adjust-R^2	0.4792	0.5279
F 值	223.2978	94.4311
观测值	13 448	13 448

（注：***、**、*分别表示在1%、5%和10%的水平下显著，括号中为稳健标准误。）

第二，城镇化率提升。数字普惠金融的"普"和"惠"有利于城镇化率提升，而城镇化率提升能够通过减弱城乡二元结构为农村居民创造更好的经济环境，使农村居民有更有机会享受到与城市居民等同的投资、就业和消费机会。同时，城镇化率提升也意味着劳动力从农村向城镇的转移，进而带来农村居民收入的上升。因此，如果随着城镇化率的提升，数字普惠金融发展缩小城乡收入差距的作用越显著，则证明城镇化率提升是数字普惠金融发展缩小城乡收入差距的作用机制。从表6-8的回归结果来看，数字普惠金融与城镇化率的交互项显著为负，从而支持了城镇化率提升的作用机制，说明在城镇化程度越高的县级单位，数字普惠金融发展缩小城乡收入差距的作用是越显著的。综上所述，数字普惠金融的发展对产业结构更高级和城镇化率更高地区的城乡收入收敛有更大的促进作用。

表6-8　城镇化率提升的机制分析

	（1） *gap*	（2） *gap*
lndf	-0.1680***	-0.0317**
	（0.0528）	（0.0152）
lndf×urban	-0.0277**	-0.0184**
	（0.0116）	（0.0078）
urban	-0.0865***	-0.0672***
	（0.0324）	（0.0213）

续表

	（1） *gap*	（2） *gap*
控制变量	否	是
县域固定效应	是	是
年份固定效应	是	是
Adjust-R^2	0.4172	0.4981
F 值	116.0841	94.5057
观测值	13 448	13 448

（注：***、**、*分别表示在1%、5%和10%的水平下显著，括号中为稳健标准误。）

2. 异质性分析

第一，东、中、西部数字普惠金融对城乡收入差距的影响。按照县级单位所在区域，分东部、中部和西部进行回归。表6-9的回归结果显示，数字普惠金融发展回归系数在东部、中部和西部地区均显著为负，说明数字普惠金融发展均有效缩小了城乡收入差距。费舍尔检验表明，数字普惠金融发展对城乡收入差距的缩小作用在东部、中部和西部地区存在显著的差异，中部地区的作用最大，西部地区次之，东部地区最小，也就是说数字普惠金融发展缩小城乡收入差距的作用在中部地区最为显著，而在东部地区作用最小。中部地区尚处于快速发展阶段，农村居民收入起点低，有较大的收入增长空间；西部地区虽然也在快速发展，但受限于自然环境、人力资本等因素，数字普惠金融更难满足农民的金融需求；东部地区虽然在资源禀赋、经济聚集程度、制度环境、基础设施等方面具有较大优势，但农村居民收入相对较高、缺乏增长空间，因此数字普惠金融发展对缩小城乡收入差距的作用小于中西部地区。分东部、中部和西部的回归结果表明数字普惠金融具备普惠性特征，有助于落后地区打破"数字鸿沟"，实现区域协调发展，促进共同富裕。

表 6-9　东部、中部和西部数字普惠金融对城乡收入差距的影响

	gap		
	东部	中部	西部
lndf	−0.0565***	−0.1422***	−0.0701***
	（0.0186）	（0.0539）	（0.0259）
控制变量	是	是	是
县域固定效应	是	是	是
年份固定效应	是	是	是
Adjust-R^2	0.5323	0.5558	0.6262
F 值	76.3807	47.7229	121.4386
观测值	3554	6032	3862
经验 p 值	0.0042***		
	0.0065***		

（注：***、**、*分别表示在1%、5%和10%的水平下显著，括号中为稳健标准误。）

第二，南方、北方数字普惠金融对城乡收入差距的影响。按照县级单位所在区域，分南方和北方进行回归。表 6-10 的回归结果显示，南方地区和北方地区的数字普惠金融发展均具有缩小城乡收入差距的作用，但这一作用在南方更加明显，数字普惠金融发展同样增长 1%，南方地区的城乡收入差距缩小 0.1342，而北方地区仅缩小 0.0723。中国南北方在资本存量增长和体制机制改革等方面的差异造成了"南快北慢"的经济发展差距，南北差距问题的本质是经济增长方式转型的差异，南方地区通过主动转型，产业结构不断升级，而北方地区在产能严重过剩后才开始被动转方式，这也造成了数字普惠金融发展影响城乡收入差距的作用差异。这一作用差异表明数字普惠金融的发展离不开其他硬件基础设施和金融环境的相应配套。

表6-10　南方、北方数字普惠金融对城乡收入差距的影响

	gap	
	南方	北方
lndf	−0.1342***	−0.0723***
	（0.0422）	（0.0216）
控制变量	是	是
县域固定效应	是	是
年份固定效应	是	是
Adjust-R^2	0.7371	0.5148
F 值	244.1170	43.9891
观测值	7360	6088

续表

	gap	
	南方	北方
经验 p 值	0.0158**	

（注：***、**、* 分别表示在 1%、5% 和 10% 的水平下显著，括号中为稳健标准误。）

第三，不同行政区划下数字普惠金融对城乡收入差距的影响。中国的县级行政区划分为县、市辖区、县级市、自治县、旗、自治旗和林区等，因市辖区已剔除，故将样本分为县、自治县和县级市进行回归。表 6-11 的回归结果显示，在县、自治县和县级市子样本中，数字普惠金融发展的回归系数均在 1% 水平下显著为负。其中自治县的回归系数绝对值最大，为 0.1388，县次之，县级市的回归系数绝对值最小。在中国的行政区划中，相较于县级市，县和自治县更重视农业发展，以上的回归结果也说明了数字普惠金融的普惠性特征。

表 6-11　不同行政区划下数字普惠金融对城乡收入差距的影响

	gap		
	县	县级市	自治县
lndf	-0.0934***	-0.0844***	-0.1388***
	（0.0323）	（0.0312）	（0.0459）
控制变量	是	是	是
县域固定效应	是	是	是

续表

	gap		
	县	县级市	自治县
年份固定效应	是	是	是
Adjust-R^2	0.5552	0.5436	0.6144
F 值	343.40	75.20	116.83
观测值	9996	2574	878
经验 p 值	0.0184**		
	0.0001***		

（注：***、**、* 分别表示在1%、5%和10%的水平下显著，括号中为稳健标准误。）

第四，不同的数字普惠金融发展程度，对于收入差距影响的差异。金融发展对收入分配存在差异化影响，即金融发展程度与收入不平等之间具有非线性关系。因此，本章按照数字普惠金融发展程度分组，进行分样本回归，探讨不同的数字普惠金融发展程度对缩小城乡收入差距的差异，从而验证数字普惠金融发展缩小城乡收入差距的非线性机制。具体来说，按数字普惠金融指数的四分位数将全样本划分为4组子样本并进行分组回归，估计结果如表6-12所示。当数字普惠金融指数位于［0, 0.25］分位数区间时，回归系数为 –0.0626，位于［0.25, 0.5］分位数区间时，回归系数为 –0.2333，位于［0.5, 0.75］分位数区间时，回归系数为 –0.3609，位于［0.75, 1］分位数区间时，回归系数为 –0.0536。由此可见，尽管在不同数字普惠金融发展水平下，数字普惠金融发展均起到了缩小城乡收入差距的作用，但这一作用的力度表现出"先增后减"的非线性变化，因此数字普惠金融发展与城乡收入差距呈现出斜率为负且先增加后减小的"倒S型"关系。这一结论也与分地域回归的结果一致，数字普惠金融发展在其最为发达的东部地区和最不发达的西部地区对城乡收入差距的改善作用较弱，而在处于中间水平的中部地区作用最强。

表6-12 不同程度的数字普惠金融发展对于收入差距影响的差异

	gap			
	0-25%	25%-50%	50%-75%	75%-100%
lndf	-0.0626*	-0.2333***	-0.3609***	-0.0536**
	(0.0351)	(0.0729)	(0.0880)	(0.0243)
控制变量	是	是	是	是
县域固定效应	是	是	是	是
年份固定效应	是	是	是	是
Adjust-R^2	0.3262	0.5345	0.4342	0.7187
F 值	123.85	181.5331	127.93	81.68
观测值	3368	3356	3364	3360

（注：***、**、*分别表示在1%、5%和10%的水平下显著，括号中为稳健标准误。）

本章小结

　　共同富裕是社会主义的本质要求，缩小城乡收入差距是实现共同富裕目标的必经之路和重心所在。依托数字技术的数字普惠金融能够提高农村地区的金融可得性和便利性，为缩小城乡居民收入提供了条件，因此研究数字普惠金融发展能否缩小县级层面的城乡收入差距、促进共同富裕具有重要的理论和政策意义。基于手动搜集的2014—2021年县级面板数据，本章研究了数字普惠金融发展对共同富裕的影响和作用机制，主要结论和政策启示如下：

　　第一，数字普惠金融发展显著缩小了城乡收入差距、促进共同富裕。针对这一结论，要在正确认识和把握共同富裕的目标与途径的基础上，继续推进数字普惠金融发展，特别是农村地区的数字普惠金融发展，继续鼓励支持农村居民的创新创业活动，不断强化数字普惠金融发展改善城乡收入差距的作用，助力共同富裕。

　　第二，机制分析表明，产业结构升级和城镇化率提升是数字普惠金融发展缩小城乡收入差距的作用机制。

随着产业结构升级和城镇化率提高，数字普惠金融发展缩小城乡收入差距的作用更加明显。这一研究结论的启示在于，要加快产业结构转型升级，加大就业和产业扶持力度，继续推进新型城镇化建设，拓宽农村居民的增收渠道，为更好发挥数字普惠金融发展，缩小城乡收入差距的普惠作用，促进共同富裕的实现提供优良的经济环境。

第三，异质性分析表明，数字普惠金融发展缩小城乡收入差距的作用在中部地区、南方、非县级市和数字普惠金融发展程度中等的地区更为明显。因此要利用好数字普惠金融发展的异质性，因地制宜地制定本区域的数字普惠金融发展战略，促进区域经济协调发展。同时也要重视改善数字普惠金融带来的"数字鸿沟"问题，进一步加大对农村数字普惠金融的扶持力度，降低金融服务门槛，增强其利用数字技术来获取金融服务的能力，助力数字普惠金融的长期可持续发展。

总体而言，中国的数字普惠金融仍处于快速发展阶段，将会促进对共同富裕目标的实现，研究数字普惠金融发展对共同富裕的影响具有重要的理论意义和政策含义。本章丰富了对数字普惠金融发展影响城乡收入差距作用机制的讨论，对现有数字普惠金融与收入分配的文献做出了有益补充，同时也对发展农村数字普惠金融、正确认识和把握共同富裕的目标与途径具有现实指导意义和政策参考价值。当然，数字普惠金融作为新生事物，其未来的发展方向与可能产生的问题，仍是今后需要关注和研究的重点，数字普惠金融对共同富裕的长期作用也仍待检验。

第七章

平台经济如何促进
共同富裕

平台经济发展的重要性与现状

平台经济是数字经济时代新的生产力组织方式，根据国家发展和改革委员会的定义，平台经济指的是由互联网平台协调组织资源配置的一种经济形态，通过使多个主体通过互联网平台实现资源优化配置，促进跨界融通发展，共同创造价值。近年来，平台经济在经济社会发展全局中的地位和作用日益突显，我国政府也高度重视平台经济发展，出台多个政策促进平台经济健康发展。《中共中央关于制定国民经济和社会发展第十四个五年规划和二〇三五年远景目标的建议》中指出，要促进共享经济、平台经济的健康发展。《2024 年国务院政府工作报告》指出，"支持平台企业在促进创新、增加就业、国际竞争中大显身手"。

平台经济的重要作用，体现在其能够实现供需匹配、降低交易成本、带动创业就业。首先，平台经济能够实现供需双方匹配，提高市场整体运行效率。平台打破了交易的时空限制，通过虚拟平台将供需关系进行匹配，并利用交易制度和算法技术实现各类资源的有效匹配。在平台经济下，供需之间的互动和交流更为频繁，供应商能够更精准地满足市场需求，使得交易更加高效。其次，平台经济能够减弱信息不对称，降低市场交易成本。平台经济改变了市场信息获取方式和渠道，降低了商业信息搜索成本，通过缓解交易过程中的信息不对称，降低了市场交易成本。平台经济中的评价和反馈机制增强了市场的透明度，降低了信息不对称带来的交易风险。最后，平台经济能够带动创业就业，保障和改善民生。伴随着平台经济发展，网约车、外卖、直播等领域涌现出大量新职业，为高校毕业生、农民工、失业人员等重点人群提供了就业新路径。平台经济的快速发展也带来了更加开放的创业环境、更低的创业门槛、更多的创业机会，助力创业创新。

从平台经济发展现状来看，全球平台经济发展迅速。据《2022 年全球市值 100 强上市公司排行榜》统计，前十大市值公司有 7 家为平台型公司。传统公司也通过平台化转型，开拓业务增长点，例如苹果原本是电子产品生产商，通过内嵌软件商店、广告、支付等服务，转变为手机服务平台，其服务业务毛利率高达 70%，远高于产品销售的毛利率 27%。根据中国信息通信研究院发布的《平台经济发展观察（2023年）》，截至 2022 年年底，全球价值超百亿美元的互联网平台企业共有 70 家，价值规模约 9.2 万亿美元。中美两国是全球平台经济较大参与者，2022 年美国和中国平台企业市值规模分别占总体规模的 73.8% 和 21.6%。

中国平台经济的发展离不开数字经济的快速发展。中国信息通信研究院发布的《中国数字经济发展研究报告（2023年）》指出，2022 年中国数字经济规模已经达到 50.2 万亿元，连续 11 年显著高于同期 GDP 名义增速。中国信息通信研究院发布的《平台经济发展观察（2023 年）》显示，2022 年中国价值超 10 亿美元平台企业共 167 家，价值规模为 2.37 万亿美元。电商平台在经济活动中扮演着重要角色，大大促进了消费增长，释放了内需潜力。根据商务部统计数据，2023年全国网上零售额 15.42 万亿元，增长 11%，实物商品网上零售额占社会消费品零售总额的比重由 2019 年的 20.7% 增加至 2023 年的 27.6%。可见，平台经济在赋能经济社会数字化转型、推动经济高质量发展方面发挥着重要作用。

平台经济对共同富裕的促进作用

平台经济本身的经济技术特征，使其与共同富裕目标在逻辑上具有一致性。平台经济不仅是推动中国经济增长的新动能，也与共同富裕在理论、使命、原则、制度等方面存在共生之处，两者具有逻辑一致性。平台经济契合了共同富裕的共建共享等理念，为共同富裕提供了经济基础和动能，通过资源配置、价值创造、均衡分配等机制为共同富裕提供了保障。在结构上，平台生态模式与共同富裕存在同构关系，通过"政府引导—平台企业主导—多方协同"路径，平台经济可以促进共同富裕目标的实现。在直接价值创造、间接价值创造、初次分配、再分配、三次分配等不同维度和环节，平台企业都发挥着重要作用。平台企业为用户提供一个交易场所，允许用户将生产资料的使用权在平台上进行让渡，这种模式能够打破时空限制，通过虚拟平台将供需关系进行匹配，并利用交易制度和算法技术实现各类资源的有效匹配。可见，平台经济与共同富裕理念相契合，通过生态模式同构、资源配置和价值创造机制以及平台企业在不同维度的作用，为共同富裕提供经济基础和动能，实现资源的有效匹配。

从具体路径来看，平台经济通过拓宽市场边界、带动就业创业、创新消费模式、保障公共服务，能够促进共同富裕目标的实现。首先，平台经济能通过拓宽市场边界，推动公平竞争，进而促进共同富裕。电商平台等商业模式突破了传统市场的空间限制，为企业带来了更大的市场需求，加强了企业与上下游之间的联系。通过提高商业信息透明度，促进了市场公平竞争，降低了消费者负担，推动了共同富裕建设。其次，平台经济能通过带动就业创业，提升居民收入，进而促进共同富裕。平台经济提供了更多的资源和信息获取渠道，从而提升了创业者的个人社会资本。平台经济在线、灵活的特点，使得劳动力就业市场由"在地"转为"在线"，并创造出大量适配于低技能劳动者的灵活就业岗位，进而拓宽了就业渠道。再次，平台经济能通过创新消费模式，改善居民福利，进而促进共同富裕。平台经济打破了传统经济模式的稀缺性限制，在互联网上提供了一个资源富足的世界。通过提供大量可供选择的产品和服务，加剧了供应商之间的竞争，降低了商品价格。通过利用合理定价和收费结构，平台对于包括消费者在内的各主体福利水平的提升起到了积极作用。最后，平台经济能通过保障公共服务，增进民生福祉，进而促进共同富裕。平台经济强化了共同富裕的增长基础，并通过推动公共服务的均等化提升了共同富裕的共享效应。平台经济使公共服务供给模式转变为企业主导政府参与的新模式，在新的供给模式下，公共服务供给效率提升，大大缓解了中国公共服务领域有效供给不足的现象。可以看出，平台经济通过拓宽市场边界、带动就业创业、创新消费模式、保障公共服务，缩小了不同地域、行业、人群之间的发展差距，弱化了共同富裕目标的制约因素，进而促进共同富裕目标的实现。

平台经济拓宽市场边界，推动公平竞争

平台经济能够培育出许多新型业态，拓宽市场边界，为小微企业和个体经营者提供更多的发展机会。平台经济带来的市场的进一步细分和个性化消费模式的兴起也为小微企业提供了更多机会，帮助其通过差异化生产获得更多市场份额，提升竞争力。此外，平台经济通过连接供给和需求，提高了企业的生产效率。平台经济帮助小微企业和个体经营者提升收入，赋能共同富裕目标的实现。

平台经济拓宽了市场边界，为不同企业提供了公平竞争机会。平台经济能够借助网络平台无限延伸的优势，在传统产业基础上，模糊市场边界，扩大市场开放程度，不断培育出诸多新型业态的同时，进一步扩大了企业竞争的规模和范围。在市场边界被拓宽的情况下，小微企业和个体经营者能够获得更多的发展机会，而平台的特征又使得小微企业能够与大企业实现公平竞争。平台经济提供的数字化工具和在线平台，为所有人都提供了平等的信息获取渠道，缩小了数字鸿沟，平台经济的线上销售模式消除了地理限制，使得商家和消费者可以进行跨地区交易，所有的企业都可以将其产品和服务推向更广阔的市场，而不再受限于本地范围内，有助于拓宽市场边界。对于小微企业和个体经营者而言，以往创业面临着较大的成本，而平台经济提供的在线销售和服务的机会降低了创业门槛，让缺乏资金但有能力的小微企业家能够在平台上快速开展经营。由于平台经济的竞争环境是相对公平的，生产规模不同但产品和服务相近的企业都通过同样的渠道与消费者互动，消费者对商品的选择也不局限于大的品牌，因此小微企业和个体经营者获得了与大企业同等的竞争机会，可以通过高质量的服务来获得竞争优势，提升自身竞争力。

平台经济推动了市场细分，强化了小微企业竞争优势。平台经济依托其自身具有的数据和技术优势，能够为中小微企业提供更好的技术和客户流量及数据资源，从而提升中小微企业在市场中的竞争力。小微企业由于规模较小，产品种类简单，往往并不具备规模经济优势和范围经济优势，在价格和生产效率方面均不如大企业，因而难以与大型企业抗衡。但是小微企业往往也更加灵活，能更快地调整自身产品和服务，以满足需求的变化。平台经济作为一种新经济模式，能够满足长尾需求，易形成规模经济。由此，小微企业生产规模方面的弱势得以弥补。此外，平台的数字分析能力能够很好地识别消费者的偏好和需求，使得市场更加细分，个性化和小众化消费模式兴起。随着 Z 世代（指 1995—2009 年出生的人）消费者开始成为消费主力军，这种新的消费模式与 Z 世代消费者的多样化和个性化需求完美契合。因此，小微企业可以通过平台了解消费者的细分需求，并聚焦于某一个领域，根据自身产品特点进行差异化生产和个性化定制，从而吸引特定的消费者群体。通过差异化生产，小微企业可以在特定领域中建立起自己的声誉，并逐步提升消费者对品牌的认知度，通过细分市场份额的占领与大型企业竞争。由于平台为所有参与者都提供了同等的机会，因此小微企业可以通过找到适合自身的差异化发展战略，从而不断提高其竞争优势。

平台经济对接了供需关系，提高了生产效率。数字平台作为平台经济下供需双方对接的重要媒介，能够连接并匹配供需双方及产业链上下游的海量资源。通过提供完善的信息获取渠道以及平台上供给和需求的充分匹配，能够帮助小微企业和个体经营者合理地安排生产，提高生产效率。平台经济最大的特点是能够将供给方和需求方对接起来，个体经营者在平台上销售产品，提高产品的销售速度，满足不同地区的消费者的产品需求。平台通过为小商户提供产品销售信息、市场行情、需求趋势和价格波动等信息，帮助其更好地进行生产和经营决策。通过分析市场趋势和消费者需求变化，可以及时调整生产计划，避免产能过剩。通过对接供需关系，为小商户和个体经营者提供充分的市场信息，平台经济帮助其实现了更加高效率和智能化的生产模式，从而为其参与市场竞争提供了更多机会。

可以看到，平台经济拓宽了市场边界，推动了市场的公平竞争，为以往在市场中处于竞争劣势的小微企业和个体经营者提供了更多机会，从而扩大了中等收入群体比重，提高了低收入群体的收入，促进共同富裕。

平台经济带动就业创业，提升居民收入

就业和创业是居民创收的重要渠道，居民的收入差距和财富差距事关共同富裕目标的实现。平台经济通过提供低成本、多样化的创业机会，创造出更加灵活多样的就业渠道和就业岗位。线上就业、灵活就业等模式也为中低收入群体增加了重要的收入来源，从而促进了共同富裕。

平台经济提供了更加灵活多样的就业渠道，增加了低收入群体的就业选择。平台经济将部分工作机会从线下转移至线上，使以往固定时间地点的工作要求变得更加灵活，从而实现了劳动者从事单一工作到多元工作的转变，引发了劳动力市场变革。平台经济可以在线上将招工公司的需求与劳动力的技能进行匹配，从而使得整个招聘流程简化，节省了很多线下招聘及面试的时间成本，平台经济的性质也使得招聘过程更加透明，提供了更加公平的就业机会。平台经济为低技能劳动力、就业劣势群体和失业人员提供了更多的就业机会，使得其不用受限于传统工作的时间和地点要求，可以根据自己的安排，选择线上临时工、兼职或自由职业等相关工作，更好地平衡工作和生活。灵活的就业形式也给了那些希望获得额外收入或是正在经历过渡期的失业人群一个不错的选择。此外，平台上涵盖了不同领域的产品和服务，因而也需要有相应的从业人员，不管是外卖平台、网约车平台、线上教育平台还是泛娱乐化平台，都需要不同类型的就业者，这为中低收入群体提供了多样化的就业机会。

平台经济推动了创新创业，提供了低成本的自主创业机会和多样化的创业渠道。平台经济为个人创业者提供了相对低风险和低成本的创业机会。平台为创业者等价值创造主体降低了创新创业风险，帮助其灵敏地获取用户个性化需求，从而激发创业动机和能力。创业者可以选择依托平台提供不同种类的商品和服务，而不用承担传统线下产业创业需要投入的高额的初始成本，降低了创业的门槛。平台经济门槛低的特点也迎合了农村居民资本存量低的现状，降低了农村居民创业成本，改善了农村居民创业环境。通过在平台上提供产品和服务，可以帮助原来的低收入群体向中高收入群体转变，从而减少了收入不平等现象。平台经济带动了创新创业模式，以餐饮行业为例，外卖平台的兴起为创业者提供了低成本的创业机会，创业者可以不开设实体店面，只需要在平台上开设虚拟餐厅,再通过外卖平台进行销售即可,这样可以减少传统实体店面租金、装修等开销,创业压力更小。除了创业成本更低,平台经济也为创业者提供了更加灵活和多样化的创业机会,创业者可以根据自己的技能和兴趣,结合市场发展趋势,在平台上选择适合的领域进行创业活动。平台经济涵盖的领域非常广泛,包括电子商务、共享经济、在线教育、内容创作等,为创业者提供了多样化的创业渠道。

平台经济所具有的外溢效应,进一步创造了许多新的创业和就业机会。平台经济除了直接提供灵活的就业岗位外,还具有较强的外溢效应,即平台经济活动产生的影响不仅局限于平台本身,还会扩散到周边产业和服务领域。例如,外卖平台的兴起不仅创造了送餐员等直接就业岗位,还带动了餐饮供应链、食材采购、包装制造等一系列产业的发展,创造出新的就业岗位和创业机会。此外,平台经济的增长通常会带来更多的消费需求,从而促使各个环节的产业增加生产和服务,进一步带动就业和创业增长。平台经济的发展催生了包括共享出行在内的一系列新兴产业,这些新兴产业不仅在平台本身创造了就业,还在技术、内容创作、市场推广等方面提供了更多的就业和创业机会。平台经济还会带来供应链的扩展,往往会涉及物流、仓储、配送等环节,这些环节的延伸也带来了就业率的上升,并提供了更多创业机遇。可以看到,平台经济的外溢效应,通过进一步创造出新的就业和创业机会，大大促进了共同富裕目标的实现。

平台经济为就业和创业提供低成本、多样化的机会，减少了收入不平等。创新创业模式降低了创业门槛，灵活多样的就业渠道满足了低收入群体的需求。外溢效应带动周边产业发展，创造了更多就业和创业机会。通过提供更加灵活多样的就业渠道、低成本的自主创业机会、创造出新的就业和创业机会，平台经济对于共同富裕目标的实现起到了重要推动作用。

平台经济创新消费模式，改善居民福利

平台经济模式下，消费者拥有更多的选择和更高的议价权。平台经济衍生而来的共享经济、新型消费模式等降低了消费的门槛，使得中低收入消费者及贫困和欠发达地区的居民也能消费更多品类、更高质量、更低价格的商品。平台上数据要素的充分流动能够不断创造出新的产品和服务，能更好地满足用户需求，最终带来社会福利的提升。具体来看，平台经济通过消费模式的创新，从几个方面提升了消费者的福利水平，使得全体消费者都能共享发展的成果，从而促进了共同富裕目标的实现。

　　第一，平台经济提升了消费者的议价权，降低了居民生活成本。平台经济提升了商品的价格透明度，使得消费者对不同产品和服务的价格及质量进行比较，从而更加明智地做出购买决策。通过对比线上线下的产品价格可以发现，互联网能够减少市场扭曲，提升社会总福利。平台经济上存在大量的商家，这些商家之间竞争较为激烈，为了获得竞争优势，商家往往会通过不断提高产品和服务质量，并通过促销活动和降价销售等方式来提升竞争力，因此消费者可以以更低的成本购买所需的产品和服务。由于消费者可选择性增强，因此议价权也增强了。可以说，平台赋予了消费者掌握商品和服务可用信息的控制权，打破了传统消费模式下，营销商对商品和服务信息的控制。由于平台经济中的用户评价和反馈会影响到商家的线上声誉，最终对商家的市场份额和销售收入产生影响，因此，平台上的商家往往会非常重视用户反馈信息，部分商家会通过给予回扣或是代金券等方式获得消费者好评，从而进一步降低了消费者购买产品和服务的价格。在一些团购平台上，消费者可以形成联盟等组织来争取对自身更有利的购买条件和价格，从而增加了消费者的议价权。总的来看，平台经济赋予了消费者更大的主动权和影响力。

　　第二，平台经济降低了消费的门槛，推动消费升级。平台经济衍生而来的共享经济、新型消费模式等使得中低收入消费者也能体验更高层次的商品和服务消费，消费水平的升级提升了其福利水平。学者研究发现，平台在保证消费者生存型需求的基础之上还丰富了其发展型需求和享受型需求。平台经济鼓励租赁和共享模式，使消费者不必购买昂贵的高档产品，而是可以暂时租用或共享它们。对于只能在特定场合使用的高档产品，租赁而不是购买整个产品可以极大地减轻消费者的负担。此外，对于想要购买某些高档产品的中低收入消费者，部分平台也提供了分期付款等选项，使得消费者可以先享用产品和服务，减轻了一次性支付的压力。平台上的二手交易市场也为那些想要尝试高档商品但预算有限的消费者提供了更经济实惠的选择。除产品消费外，共享经济降低了服务消费的使用门槛，提供了更加灵活和廉价的消费选择。以出行为例，共享单车、拼车等服务给消费者带来了更加便捷的出行方式，提升了出行的便利性。在教育和学习领域，许多平台提供了团购拼课、订阅制阅读等服务，通过平台资源低价共享，消费者可以获得更具价值的学习资源。

第三，平台经济下沉市场弱化了不同区域和不同阶层之间的财富差距。平台经济的普及使落后地区和欠发达地区的居民也能消费更多品类、更高质量、更低价格的商品。一方面，电商平台和移动支付等应用，使得落后地区的居民可以非常方便地购买到各种物质商品，包括食品、衣物、家居用品等。这些平台提供了广泛的选择，让居民可以根据自己的需求和喜好进行消费，也节约了消费耗费的时间和交通成本。跨境电商平台使得位于落后地区的居民也可以购买到来自其他国家和地区的商品，提升了居民消费的多样性。另一方面，平台经济也为欠发达地区的居民消费文娱产品和服务提供了机会。数字平台创造了大量新颖而免费的商品或服务，从而提升了消费者的福利。如通过在线阅读平台，居民可以免费获取各种书籍、文章和知识资源，音乐平台、短视频平台等进一步丰富了人民群众的精神生活，满足了其精神需求，提升了共同富裕的品质。

平台经济赋予了消费者更多选择和议价权。降低了消费门槛，使中低收入者能够享受更高品质的消费，推动消费升级，提升了消费者整体福利水平。平台的普及弱化了地区财富差距，为消费者提供低成本、高透明度的商品和服务的同时，也提供了更加丰富的文娱产品及服务，使得其精神需求进一步得到满足。总体而言，平台经济通过创新消费模式，推动消费升级进而促进共同富裕目标的实现。

平台经济保障公共服务，增进民生福祉

共同富裕要求全民共享现代化发展的成果，保障人民平等参与经济社会的权利。要实现共同富裕目标，就要促进基

本公共服务的均等化，并促进公共服务资源向欠发达地区和困难群体倾斜。平台经济发展过程中衍生出来的各类公共服务平台，能较好地满足居民的多层次需求，使公共服务惠及全体民众。

平台经济能够聚合政务服务，推动政务服务均等化。数字政务平台推动政府服务、公共事务和政务管理等环节数字化，提升了政府效能，并优化了公共服务的供给，通过办事效率的提升改善了政府的透明度和公信力，也提升了公民对政府的满意度。政府也可以充分利用平台的易访问、易连接等特征，实现公共服务的多元供给和均衡配置。以支付宝平台为例，目前各省市及相关政府部门都在支付宝平台开通了独立运营的私域小程序，而支付宝也发挥平台能力优势，将各个政务小程序的优质服务，如公积金服务、税务服务、教育服务、医疗服务、水电燃服务等，共同聚合进平台"市民中心"应用中，并通过公域智能算法向用户精准推送服务，用户可以通过市民中心进入各个民生政务小程序，用户在享受数字政务服务的同时，平台也帮助提升各个政务小程序的曝光。助力政府将更多线下服务搬上手机，做到从"人找服务"到"服务找人"，最终让更多服务成为无接触服务，让用户在家里就一键办理，享受便利的市民服务。平台通过公私域融合，使得平台数字政务使用率大幅度提升，并通过平台进行政务办理进度提醒，做到让服务来找人。平台通过小程序运营报告等方式，以及向政府机构开放运营数字可视化等功能，可以不断优化政务服务，同时提升平台运营能力。

平台经济能够汇聚教育资源，推动教育服务均等化。首先，平台经济能够提供更加多样化的教育资源。在线教育平台为居民在线学习，获取学习资源提供了渠道，扩大了教育的覆盖范围。以国家智慧教育公共服务平台为例，它是中国最大的免费在线学习平台，也是目前世界第一大教育数字化资源中心和服务平台，平台上聚合了中小学教育、职业教育、高等教育等各类教育资源和在线课程。其次，平台经济降低了接受教育的门槛和成本，传统教育方式对时间、地点都有着明确的要求，而平台上提供的在线学习方式，减少了对时间和空间的限制，同时节约了教育的成本。通过对传统课堂教育的替代，平台经济使得中低收入国家和地区的居民也可以享受到与高收入地区相同的教育服务。最后，平台能够提供个性化的教育服务。平台会根据学习兴趣和自身需求，通过大数据为居民提供个性化的学习体验。除了阅读电子教材和观看学习视频外，平台还能为学生提供虚拟仿真实训和虚拟实验，帮助学生更好地进行技能培训。教育服务的均等化，使得全民可以享受到更加平等的教育资源，促进共同富裕目标实现。

平台经济能够整合医疗资源，推动医疗服务均等化。首先，平台经济提升了医疗服务的便捷性和可及性。许多外卖平台上都入驻了符合资质的药房，居民可以根据自己的需要，线上购买药物，既方便又及时。微信等大型社交平台帮助医院搭建独立的公众号和小程序，患者可以在平台上在线预约挂号，避免了排队等待。其次，平台能够为患者提供一站式服务。平台可整合医疗服务、药物配送和医疗保险等多个环节，为用户提供一站式的综合健康管理服务，同时在各环节中嵌入高级咨询、特色诊疗服务等服务，使得患者在就诊的同时，也能更好地进行健康管理和疾病预防。最后，平台推动了医疗知识的普及。通过给民众推动医疗普及信息、健康养生小知识等，能够帮助民众增强医疗保健意识。此外，随着互联网诊疗平台的兴起，患者可以通过互联网诊疗平台在线咨询，获取诊断和医疗建议，减少了就医等待时间和医疗费用。在互联网诊疗平台中，患者可以将病例、检查报告等资料，远程发送给医生，医生也能够在平台在线提供诊断和制定治疗方案，并及时反馈给患者，因而互联网诊疗平台能够打破优质医疗资源的时空限制，有利于医疗服务均等化。医疗服务的均等化，提升了落后地区居民的医疗可及性，平台推动的医疗知识的迅速普及，也有助于提升相对落后地区居民的身体素质，助力共同富裕目标实现。

总而言之，平台经济下出现的基本公共服务平台通过整合资源、提供便捷渠道、增加信息透明度等方式，增加了公共服务的可获得性，推动了政务服务、教育服务和医疗服务的均等化，进而促进了共同富裕目标的实现。

本章小结

　　平台经济在推动市场公平竞争、拓宽就业创业渠道、改善消费者福利、推动公共服务均等化方面发挥了积极作用，推动了共同富裕的实现。首先，平台提供了公平竞争的线上营商环境，为处于竞争劣势的小微企业和个体经营者带来了发展机会，进而扩大了中等收入群体比重，提高了低收入群体的收入，促进共同富裕。其次，平台经济为创新创业提供了机会，拓宽了就业渠道。平台经济以其低成本、多样化的特点，为创业者提供了相对容易的创业机会。平台经济也为中低技能劳动者提供了更多的就业机会，灵活多样的就业形式满足了消费者多样化的需求，从而进一步推动了充分就业的实现。再次，平台经济创新消费模式，提升了居民福利。平台经济通过数字化和信息透明度，提升了消费者的议价权，降低了生活成本。共享经济、新型消费模式等降低了消费门槛，使中低收入消费者也能够享受到高层次的商品和服务，平台经济的发展也为落后地区和欠发达地区的居民提供了更多的消费选择，增进了共同富裕的目标。最后，平台经济推动了公共服务的升级和均等化。平台经济提升了公共服务的可获得性。数字政务平台优化了政府服务、在线教育平台、医疗服务平台等，提升了教育和医疗领域的公共服务质量，促进共同富裕目标的实现。

平台经济作为数字化时代的重要产物，通过拓宽市场边界、带动就业创业、创新消费模式、保障公共服务，对于推动公平竞争和充分就业、提升居民福利以及推动公共服务均等化起到了重要作用，从而促进了共同富裕目标的实现。但是在平台经济发展的过程中，也要关注平台垄断等新现象和新问题，并注重对平台相关从业者的权益保护，以及对消费者个人隐私和数据安全的保护，通过合理的政策监管和法规制定，充分发挥平台在促进共同富裕方面的作用。

第八章

农村电商如何促进共同富裕

农村电商发展的重要性与现状

　　电子商务逐渐下沉到农村市场，数千个"淘宝村"和上百个"淘宝镇"的出现，为农村商业带来新业态、新场景、新模式。农村电商包括电子商务在农村组织过程中所有的经济活动，是推动乡村振兴和农业农村现代化的新引擎。2024年发布的《商务部等9部门关于推动农村电商高质量发展的实施意见》中提到，"发展农村电商，是创新商业模式、建设农村现代流通体系的重要举措，是转变农业发展方式、带动农村居民增收的有效抓手，是促进农村消费、满足人民对美好生活向往的有力支撑"。打造具有活跃市场主体、完善基础设施、顺畅要素流通、优秀服务质量的农村电商服务平台，有利于助力农产品上行和拓展农村居民增收渠道，为乡村振兴提供有力支撑。

　　党的二十大报告指出，"中国式现代化是全体人民共同富裕的现代化""全面建设社会主义现代化国家，最艰巨最繁重的任务仍然在农村"。因此，实现共同富裕，最重要的任务之一是促进农村发展。首先，我国农村人口基数庞大，是全面发展和繁荣农村经济的基础。根据国家统计局数据，到 2023 年年末，乡村常住人口达 47 700 万人，占比约为 33.84%，农村居民的经济基础关系到国家整体经济和社会稳定。其次，坚持农业农村优先发展，是促进区域间协调发展，提升农业生产效率和农村生活水平的必然要求。在城市化进程加快的背景下，城乡发展不平衡矛盾凸显，全面改善农村居民生活质量，进一步推动城乡融合发展，是解决农业农村发展不充分问题的重要手段。再次，畅通城乡要素流动是城乡融合发展、推动农业农村现代化的重要抓手。促进农村发展有助于推动要素自由流动，充分调动土地、技术、资金、劳动力等各类要素，全面提升农村发展效能，从而加快城乡融合发展，有效强化城乡共同富裕的内生动力。最后，农村承载着丰富的文化内涵、传统智慧和生活方式。乡土文化所呈现的文化多样性，为中国特色的乡村文明建设提供了有力支撑，乡土文化不仅是农村发展的文化基础，还是传统文化的重要组成部分。农村传统文化与现代科技的有机融合，既可以促进新业态的农业商务发展，又能够进一步提高农村居民生活品质。电子商务的发展不仅具有信息收集和网络沟通的作用，还能够提升农产品销售情况和农村居民福利。因此，促进农村经济发展不仅关系到农村居民的福祉，也是实现共同富裕和全面建设社会主义现代化国家的必要条件之一。

在数字经济时代背景下，通过市场力量和政府推动，中国农村电商逐渐进入高质量发展阶段。从农村网络覆盖现状来看，据《中国互联网络发展状况统计报告》，农村网民数量已从 2012 年年底的 1.56 亿增长至 2023 年 6 月的 3.01 亿，增长了 92.95%，农村地区互联网普及率已从 2012 年年底的 23.7% 增长至 2022 年年底的 60.5%。从农村网络零售来看，据《中国数字乡村发展报告（2022 年）》，在 2022 年，全国农村网络零售额达 2.17 万亿元，较 2021 年增长 3.6%，农产品网络零售额达 5313.8 亿元，同比增长 9.2%，增速较 2021 年提升 6.4 个百分点。截至 2021 年年底，开展电子商务销售的重点农业龙头企业超 36.3%，农产品加工企业通过电商销售营业收入增长 10.8%。从电商基础设施来看，截至 2022 年年底农村宽带用户总数达 1.76 亿户，比 2021 年增长 11.8%。截至 2022 年 7 月，已建成 2600 多个县级电子商务公共服务中心和物流配送中心，"快递进村"比例超过 80%，2021 年农村地区收投快递包裹总量达 370 亿件。随着数字经济的快速发展，电子商务为农村居民参与市场经济活动提供了新思路，数字红利创造了就业新机遇且提高了收入水平。发展农村电商为社会经济带来了广泛的积极影响，为农村传统产业提供新的市场空间，拓展业务范围和销售渠道，从而带动社会就业和经济增长，改善生活质量，为推进共同富裕目标提供关键支撑。

农村电商发展已逐渐迈入高质量发展阶段，成为推动农村经济发展的重要引擎。在推动城乡融合和共同富裕发展中，农村电商发展可能有助于优化要素配置效率，激发各类要素潜能，另外对扩大市场范围、拓宽增收渠道方面也有助推作用。同时，农村电商发展有利于促进城乡融合，带动相邻地区经济发展，畅通经济循环，构建城乡融合发展新格局。

农村电商发展对共同富裕的促进作用

农村电商为促进共同富裕的实现探寻了可行的路径，在提振经济发展和缩小城乡收入差距方面发挥关键作用，有助于实现城乡融合发展和共同富裕。电子商务发展通过缩短供应链、提升交易效率、优化物流配送等方式降低成本，对农村居民收入的提升具有显著的促进作用。一方面，电子商务通过自动化和数字化的方式对订单处理和支付流程进行优化，大大减少了产品从生产者到消费者手中的时间，加速了交易流程；另一方面，在电子商务发展过程中，物流配送模式越来越趋向于路线规划智能化、仓储管理标准化、运输方式多元化，通过这些措施可以有效降低物流成本，提升运营效率。随着数字经济的发展，农村电商逐步成为助力乡村振兴的重要载体。

总体来看，农村电商可以打破时间和空间的限制，利用数字技术帮助农村居民拓宽销售渠道，提高产品附加值，进而带动农村经济发展，实现农村产业的优化和升级。农村电商平台可以通过匹配供需双方，促进资源配置的有效性，提高农产品的流通效率。传统的农村产业受限于地域、交通等因素，市场空间较为有限，农村电商平台可以通过互联网技术拓宽农产品的销售渠道，提高产品的知名度和竞争力。另外，农村电商平台有助于减少信息不对称，降低交易成本，提高农产品销售效率。通过农村电商平台，进一步增强不同地区、不同产业间合作和交流，实现资源整合和产业升级。同时，农村电商的发展可以吸引更多的资本和技术进入农村产业，推动农业产业的现代化和创新发展。农村电商发展对农村产业的发展具有重要意义，有助于农村居民拓宽销售渠道和增收来源，缩小城乡发展差距，实现农村经济的繁荣和振兴。

首先，农村电商可以促进要素流动和配置效率的提升。通过激发各类要素潜能，释放潜在农业生产力，为增加农村居民收入创造条件，同时研究也证实了农村电商减小了城乡

"数字鸿沟"并缩小了城乡收入差距。传统上，农村地区资源利用和配置效率较低，而农村电商有助于打破地域和信息的壁垒，推动城乡间资源与要素流动，加快了劳动力要素、资本要素、技术要素以及管理要素的流动性，推动了乡村振兴战略的实施和农村经济的可持续发展。

其次，农村电商发展为农村居民提供了更广阔的市场，扩大了产品的销售渠道，拓宽了增收渠道。农村电商有助于农村居民克服价格和技术方面的信息不对称，通过开展电子商务的规模效应、经营成本、融资成本、信息渠道、人才资源均得到优化，进而促进农村居民创收。农村电商发展使得产品销售不再受季节和地域的限制，为农村居民提供了更多销售机会和新的增收途径。与此同时，农村电商还为农村特色产品和服务拓宽了销售市场，推动了农村经济的发展，对提升农村居民生活水平有积极影响。

再次，农村电商发展能够加速城乡融合发展。电子商务发展对实现包容性增长起到关键作用，从而推动城乡收入差距逐步缩小，更好带动城乡整体平衡和共同富裕。随着农村电商的发展，农村居民通过互联网获取到更多市场信息，引入更多资金和技术资源投入，实现了城乡信息的双向流通以及城乡产业的共同发展。同时，农村电商也增进了城乡间相互关注和认识，推动了城乡文化的交流与互动，从而缩小了城乡的文化差距，为城乡融合发展创造更好的发展环境和机遇。

最后，农村电商发展产生正向溢出效应，带动周边地区经济发展。农村电商有助于产业链的延伸，向邻近地区传播网络销售和运营经验，从而带动其思想观念的转变，促进周边地区经济发展。随着城乡"数字鸿沟"的不断弥合，农村电商的发展能够显著提升农村居民收入水平。收入增长是共同富裕的基础，而缩小农村与城市之间的差距则是共同富裕的重要内涵，所以农村电商的发展通过降低交易成本、增加利润来提升农村居民的经济回报，促进共同富裕。

农村电商为农村地区提供了新的经济增长点，打破地域限制、促进资源共享，进一步缩小了城乡之间的差距，有利于不断加强城乡经济的互补，推动农村地区全面发展。农村电商发展对农村经济和农村居民生活水平的提升起到关键作用，有助于促进农村地区的经济发展，推动农村地区的社会进步，从而为共同富裕的实现带来新的机遇和希望。

农村电商发展助推要素流动，优化配置效率

城乡要素配置合理化既是推动城乡融合发展的本质要求，也是城乡经济良性循环的重要表现，对提高全要素生产

率、推动经济高质量发展、构建新发展格局具有重要意义。农村电商发展加快了城乡要素流动速度，成为农村经济发展新突破口，为乡村振兴注入巨大活力。要素双向流动和互补包括劳动力要素、资本要素、技术要素以及管理要素的流动性，农村电商进一步消除要素流动的制度壁垒，促进城市资源要素更大规模、更广范围、更为持续地向乡村有序、有效地流动，破除妨碍城乡要素平等交换、双向流动的制度壁垒，有助于促进实现共同富裕。

第一，农村电商发展为劳动力要素流动创造条件。劳动力要素在城乡之间的灵活和优化配置，是进一步打破城乡二元壁垒，缩小收入差距，提升劳动者收入水平和就业质量的重要举措。一方面，农村电商发展能够为农村居民带来新的就业机会和更多就业岗位，从而提升农村居民的工资性收入，在进一步激发劳动潜能的同时，也能缩小城乡收入差距，为乡村振兴发展提供良好发展空间。另一方面，农村电商发展通过促进农村居民返乡就业，进而增加农村居民收入，通过优化乡村就业环境，提升农村就业质量，完善相关产业，为劳动力从城市向乡村回流提供机遇，从而实现人力资本配置的优化过程，最大限度发挥劳动力和人才的潜在价值，倒逼提升劳动力水平，为缩小城乡差距创造条件。

第二，农村电商发展为资本要素的配置提供规范市场环境。依托数字技术发展，农村电商的扩大和创新发展都离不开资本要素的支撑。在政府和金融市场的共同作用下，农村电商发展中资金要素配置优化效率不断提升。一方面，政府部门大力扶持农村电商发展，财政资金对农村电商发展的支持至关重要，其直接和互补效应同时推动农村经济发展；另一方面，以电商平台为基础的数字普惠金融体系在农村市场中的份额不断扩大，对农产品以及特色产品生产销售等提供金融服务，共同推动农村电商的发展。金融形式的多样化拓宽了融资渠道，推动农村电商和投资机构的良性互动发展，为提升产品创新和品牌建设能力提供保障，同时对规范企业经营发展也提供了重要支撑。

第三，农村电商发展为技术要素的应用发挥重要作用。5G、大数据、物联网等数字技术已成数字中国与乡村振兴战略实施的关键结合点。数字技术的引入提升了生产力水平，改变了传统的生产方式。一方面，基于农产品特性以及地理位置等因素，高效物流配送模式是销售环节中的重要组成部分，而在电商过程中物流配送对企业发展也至关重要，打造集冷链、仓储、分拨、农产品交易等功能于一体的综合性现代物流体系更有利于农产品销售；另一方面，大数据分析也为农村电商发展提供支持，电商平台通过数据分析为消费者提供个性化推荐和定制化服务，实现智能设备互联互通，为消费者带来更加便捷、智能的购物体验，同时帮助农村居民解决销售和服务的难题，促进农村经济的发展，实现农村地区的可持续发展。

第四，农村电商发展为管理要素建设提供创新驱动。随着技术的不断进步和政策的支持，农村电商在平台运营、客户服务、营销创新、培育企业家精神方面发挥出更大作用，为农村地区带来更多的机遇和发展空间。首先，农村电商平台提高了销售效率和覆盖范围，同时增加了农村居民对平台运营的管理经验。其次，农村电商提供了更加便捷的购物体验和售后服务，消费者既可以通过手机或电脑随时随地购买所需的农产品，也可以实时接受到消费者反馈，保障消费者权益，提升消费者满意度。再次，农村电商平台催生了农产品销售新模式，包括农产品宅配、社区体验店、微商营销等，实现了农产品产销的有效对接，同时还可以利用大数据分析消费者行为，实现农产品按需精准生产和销售。最后，农村电商平台为农村创业者提供了创新创业机遇，有助于培养一批富有新时代企业家精神的创业者去破解农村电子商务发展难题。

农村电商的发展从劳动力要素、资本要素、技术要素、管理要素等多个方面推动了农村地区的创新创业和经济增长。电子商务的快速兴起为农村居民提供了大量的就业机会，同时也激发了劳动潜能，通过政府财政支持、数字普惠金融体系的拓展以及电商平台的融资机会，农村创业者获得了更多的融资渠道和启动资金，这降低了创业的门槛。另外，数字技术和管理要素在农村电商中的广泛应用提高了生产力水平，优化了物流配送，实现了智能化服务，为农村经济提供了强大的技术支持和丰富的经验。

农村电商发展扩大市场范围、拓宽增收渠道

农村电商发展为农村经济发展打造了新的城乡互动模式以及实现现代化的新路径，逐渐成为乡村振兴的重要支柱。一方面，农村电商发展降低农产品的营销成本，减少了农产品市场的信息不对称性，同时有利于扩大服务能力，激活主体活力。另一方面，电子商务和移动支付的普及向农村市场持续渗透，增强了农村居民的议价能力、扩大了农产品交易规模，同时也提升了农产品销售利润。随着互联网普及程度的提升，线上销售的优势凸显，更多农村居民参与电商经营，拓宽农副产品和特色产品的销售渠道，从而促进农村居民增收。

电商相关基础设施完善为扩大产品市场创造必要条件。互联网普及、物流网络和数字支付体系等基础设施的完善在扩大产品市场中发挥着关键作用。首先，互联网已经成为农村居民生活和工作的重要组成部分，互联网的普及可以让农

村居民学习到更多生产和销售知识，包括了解如何使用电子商务平台、互联网搜索、数字支付和在线安全等，保障农村居民有效利用电子商务平台，参与平台经济，扩大增收渠道。其次，受季节性和时空性的影响，物流体系建设与农村电商发展密切相关。农村电商发展有助于构建智能化物流通道网络，建设智能化仓储配送体系，为产品流通创造了条件，降低了交易成本。最后，数字支付体系建设也对新型农业商业模式产生积极影响，数字支付工具为城乡居民提供了便捷、安全的支付方式，有助于农村居民融入数字经济体系，为线上销售产品提供了重要支持。

农村电商平台为减少产品销售的中间环节提供重要支持。传统的农产品及其特色产品流通需要通过多个中间商和批发商，这使农村居民难以获得更好的收入。研究证明，部分发展中国家的农村居民借助电子商务平台，绕开中间商在网络上销售农产品，进而保留了大部分利润，农村电商平台的出现有助于减少产品流通的中间环节。首先，电子商务的发展推动了线上消费在居民消费中的比重，为城乡居民提供了更广泛的商品和服务选择，打破了地理和物理限制，省去了传统流通中的多个中间商和批发商，降低了流通和沟通成本。其次，农村电商平台利用互联网技术更快速地匹配供需双方，实现产品的定制生产和定向销售，提高了流通效率。最后，农村电商平台将产品推向全国市场，甚至全球市场，扩大了产品的销售范围，同时带动了一系列附加值较高的农业旅游相关产业发展，有助于农村居民获得更广阔的市场空间和增收渠道。

农村电商发展为农村居民拓宽了增收渠道。电商平台和基础设施的不断完善和普及有助于使农村居民能够更平等地享受到数字经济的便利。农村居民可以通过新型电商平台进行多种形式的电子商务活动，降低农村居民的就业、创业门槛，有效增加农村居民收入，从而减小城乡差距，为实现城乡融合发展起到支撑作用。首先，电商平台可以通过文字、图片、视频等多种形式，讲述农产品的故事和特色，有助于为农产品打造独特的品牌形象，提高产品的吸引力，同时优化用户体验，进而提高产品的销售效率。其次，农村电商平台释放出大量就业创业机会，农村居民可以开设在线店铺，销售农产品、手工艺品、特色商品等，一定程度上降低了创业门槛和成本，有助于农村居民增加额外的收入来源。最后，农村电商平台可以通过线上宣传和推广，让更多消费者了解当地传统文化，提高乡村旅游的知名度和吸引力，拓宽非农业就业和增收渠道，带动农村经济发展。

农村电商的发展在扩大市场范围，拓宽增收渠道方面发挥了关键作用。首先，农村电商基础设施的完善为扩大产品市场创造了一定条件，电商平台、物流体系、数字支付等手段减少了产品中间环节，降低了流通成本。其次，电商平台通过其信息传播速度快、产品信息丰富、购物体验方便快捷等优势，可以有效提升农产品及其特色产品和乡村旅游的知名度，从而拓宽增收渠道。最后，农村电商发展增加了农村居民参与就业和自主创业的机会，从而为农村居民提供了更丰富的收入来源渠道，对城乡收入差距的缩小具有积极的推动作用。

农村电商发展加速城乡融合，激发良性互动

城乡融合发展对于一个国家可持续发展和社会和谐具有关键性作用，有利于促进地区均衡发展和文化传承交流，减少贫富差距。在数字经济背景下，农村电商发展能够有效促进城乡双向互动，包括城乡信息互动、产业互动以及文化互动。高效便捷的城乡互动有助于缩小城乡差距，加速城乡融合发展，更好地带动城乡整体平衡和共同富裕。

农村电商发展促进城乡信息融合互动。城乡高质量融合发展离不开信息互动的助力。由于信息传播方式落后，农产品流通存在信息不对称的特点，农村居民缺乏对市场信息筛选和甄别的能力。随着数字经济发展，信息传播速度大幅度提升，传播渠道和媒介也逐步增多，为缩小城乡差距提供积

极作用，对推动高质量融合发展具有跨时代意义。首先，农村电商为农村居民提供了获取信息的便捷途径。通过电子商务平台，农村居民可以轻松获得有关市场价格、需求趋势等方面的信息，有助于制定农业生产计划、决策销售时间和方式。其次，电商平台连接了城市消费者与农村生产者，使得农产品更容易进入城市市场，信息不对称程度降低，提升市场运行效率，这种市场联系有助于促进城乡之间的经济合作。最后，农村电商还有助于政府将政策信息和法律法规传递给农村居民。政府可以通过电子商务平台发布农业支持政策、补贴信息等，确保农村居民能够及时了解并享受到政府支持。人才、资金、技术的深度融合和良性循环，能够共同推动城乡信息融合互动，进而助力城乡融合发展，对促进共同富裕的实现具有重要意义。

农村电商发展促进城乡产业融合互动。农村电商发展为城市和农村的产业合作和互补提供了新的机会。在传统产业和资源禀赋基础上，农村电商将特色产业与数字技术相融合，带动了农村地区三次产业联动发展，丰富了农村的产业生态。首先，农村电商平台通过拓宽销售渠道，使得相对稀有和小众的产品更容易被推广到市场中，进而鼓励农村产业向高附加值、创意性方向发展，促进了产业结构的优化和升级，从而减低对自然资源的依赖，使农村产业趋于多元化发展。其次，农村电商拓展了产业链上的精细化和深加工环节。产品线上销售的同时，加工、贮藏、包装等各环节都在农村产业中渗透和融合，通过资源整合和数据共享提升农村电商发展效率，实现全产业链发展。最后，农村电商有助于推动数字技术与农业的深度融合。从农村基础设施建设到智慧农村发展，数字技术起到关键性作用，既有利于资源的集约利用，又提高了农村居民的生活质量。同时，城市居民可以参与农村产业链的投资和合作，促进了城乡产业的互动与协作。

农村电商发展促进城乡文化融合互动。文化融合互动可以打破城乡间的隔阂，促进城乡居民的互联互动，有助于建立和谐社会，推动城乡融合发展。首先，在电商发展过程中，促进了城乡居民间的文化交流和互动，增强对农村传统文化和民俗风情的普及和了解，提供了交流的渠道。其次，农产品的扩大销售能够吸引消费者到田间地头参与农业生产活动，亲身体验劳作的乐趣，增强了对农业的理解和尊重，为城市居民提供了难得的农耕体验，也增强了城乡居民间的互动交流。最后，电子商务发展有利于缓解农村居民信息不对称，推动其就业和创业，基于本地文化和资源，开发出创新的产品或服务，如农村主题的线上体验活动、文化旅游等，推动农村文化的创新和发展。电商平台一方面带动了当地特色手工艺品和农业旅游的宣传和推广，提高了农村居民的收入和生活水平；另一方面，拉近了城乡居民间的距离，增加了文化的交流与互动。

　　农村电商的发展对城乡信息融合互动、产业融合互动和文化融合互动产生了深远的影响，对农村居民收入增加、城乡差距缩小以及农村经济增长具有积极作用。首先，农村电商弥补了农村市场信息不足的问题，为农村居民提供了获取市场信息的便捷途径，提高了农产品质量和竞争力。其次，电商平台促进了城市与农村之间的产业合作，为农村产业升级和多样化提供了机会，推动了经济结构的优化。最后，农村电商促进了城乡文化互动，拉近了城乡居民之间的文化距离，保护和传承了传统文化，同时也激发了文化创新的潜力。农村电商的发展不仅在数字经济时代具有重要意义，也为城乡互动和共同发展提供了新的机遇。

农村电商发展产生溢出效应，带动周边发展

　　自然资源匮乏、谋生渠道单一、基础设施薄弱等因素都限制了农村居民的生产能力，不利于产业发展，最终导致落后。农村电商发展有利于缓解农村落后、促进乡村振兴，农村电商发展既能通过促进农产品销售，也能通过改善乡村治理，提升农村居民收入。发展农村电商是政府和企业攻坚扶

贫工作的重要手段之一，也是精准扶贫的关键抓手。农村电商发展能够促进向周边地区产生溢出效应，推动农村产业链条深度融合，传播发展经验，带动相邻地区思维方式变革和观念转变。农村的全面协调发展是实现乡村振兴的前提和保证，利用农村电商发展解决乡村发展失衡问题具有重要意义。

农村电商发展有利于延伸产业链条，带动周边地区发展。农村电商发展可以协助建立品牌效应，推进农村产业集聚发展。推动农村电商产业集群的高质量发展，有助于吸引人才返乡创业，促进区域经济平衡发展。首先，农村电商可以推动农产品产业链延伸。在产业链条上，农村电商扮演了去中介和再中介的角色，从而扩大产品市场份额，通过使用一系列加工、包装、物流等环节，延伸整个农产品产业链，带动相关产业的发展。其次，农村电商有利于促进特色产业的曝光和销售，从而激发当地和周边特色产业链的延伸。最后，由于农村电商推动产业合作与创新，与周边农产品供应商、物流公司、金融机构等建立合作伙伴关系，共同创新解决方案，推动了产业链的不断演进。农村电商发展不仅有利于农村地区的经济增长，还提升了周边农村居民的就业机会和收入水平，推动了乡村振兴和可持续发展。

农村电商发展有助于传播网络销售和运营经验。电子商务发展能促进农村积极带动周边地区电子商务产业发展，全方位提升生产组织效率和服务质量，实现电子商务产业集聚发展效应。农村电商项目的实施落地，需经过地方培育、企业汇入、平台建设、农村居民参与等各个环节工作的开展。首先，对于一些相邻地区可能面临的特殊情况和挑战，如地理环境、消费习惯、物流问题等，成功的电子商务模式经验容易复制，有助于传播管理和运营经验，帮助周边地区更好应对挑战。其次，物流和配送是农村电商的重要环节，影响着商品的及时到达和客户满意度。区域性物流网络体系的建设，有助于降低运营成本，提高配送效率，对于相邻农村地区的农村电商发展具有指导作用。最后，集群效应可以促使农村地区充分利用本地资源，形成特色产业链。农村电商企业和从业者可以共享供应链、物流资源，提高资源利用效率，提升农产品的深加工和品牌建设，从而提高产品附加值，增加农村居民收入。

农村电商发展带动相邻地区思维方式变革和观念转变。农村电商不仅改变了传统商务活动模式，也带来了颠覆性的经营思维转变。农村电商发展具有同业集聚和协同性特点，可增强农村网商的群体竞争力，形成主营产业与上下游产业以及服务相互协同态势。一方面，受传统思想观念的影响，部分落后乡村电子商务普及率不高，农业生产者会高估开展电子商务业务难度。相较于地方政府使用政策措施来激励农业生产者，地区电子商务发展良好更能影响、带动周边相邻地区，通过实践引导落后地区发展。另一方面，利用信息技术分析、处理及传播各类信息是信息化建设的基本条件，相邻地区更容易效仿，从而改善薄弱的信息化基础设施。农村地区电子商务发展意识滞后，对其发展的重要性、必要性及迫切性没有足够认识，但由于数字经济发展有传播速度快的特性，能够带动周边电商发展，转变传统经济发展观念，从而缩小乡村发展不平衡。

农村电商的发展在推动产业链延伸、传播经验和带动相邻地区的思维方式变革等方面发挥了积极作用。经验的传播和分享有助于提高周边地区农村电商的竞争力，加速了电子商务的普及与发展，创造更多的就业机会和增值机会，提高了农村居民的收入水平，从而使农村地区的经济逐步实现了多元化、高效化、可持续化发展。

本章小结

农村经济发展是实现共同富裕的重要组成部分，然而城乡发展不平衡可能会影响社会的和谐稳定。随着数字经济的不断发展，农村电商能够促进农村经济发展，减少城乡差距，实现社会资源均衡分配，提升国家整体经济实力，是促进共同富裕建设的重要抓手。农村电商在缩短农产品流通环节、增加销售渠道等方面产生重要作用，同时也对农村居民拓宽收入来源，推动农村经济增长产生积极影响。首先，农村电商发展促进了要素自由流动，优化配置效率，为促进农村经济发展提供了重要保障。其次，农村电商发展为农村居民创造了更广阔的市场空间，拓展了产品销售渠道，通过缩短传统交易链条、减少信息不对称等方式，降低了交易成本，增加了农产品及其特色产品的销售额和农村居民的收入来源。再次，农村电商的发展促进了城乡间信息、产业以及文化融合互动，为促进城乡融合发展创造了有利条件。最后，农村电商发展有助于产生溢出效应，先富地区带动相对落后地区，充分发挥示范带动作用，全面完善电商环境，促进城乡融合发展，以实现共同富裕。

农村电商的未来充满希望，将继续在促进共同富裕方面发挥关键作用。通过数字技术的不断创新，农村电商将为农村居民提供多元化的就业机会和收入来源，推动农产品价值链的升级，加速农村产业的发展，缩小城乡差距，为农村地区带来更多的发展机会和更好的生活质量，同时为全面建设社会主义现代化国家贡献力量，实现共同富裕的愿景。

第九章

数字经济促进共同富裕
面临的挑战与建议

数字经济促进共同富裕面临的挑战

1. 数字技术差距仍然明显

　　近年来，中国的数字技术创新能力显著提升，但中国与发达国家之间仍然存在着数字技术差距。随着中国数字经济的影响逐渐扩大，与实体经济的融合不断加深，数字经济占据了越来越多的国民经济份额，从此前高速发展的"外延式增长"转向更注重与实体经济深度融合的"高质量发展"新阶段。尽管中国数字技术在某些关键领域已经走在了世界前列，但要实现从"外延式增长"到"高质量发展"的转型，仍面临着核心技术依赖、科技储备不足、高层次人才短缺等一系列挑战。第一，中国在核心技术，特别是在高端芯片、人工智能、数据加密等方面，仍然存在着明显的外部依赖问题。这种依赖性可能会导致国内产业在关键时刻面临供应链中断的风险，从而影响整个数字经济的健康发展。第二，作为驱动新产业创造和未来发展的科技储备依然明显不足。中国在全球价值链中的地位仍然偏向于低端，尤其在人工智能、微电子芯片等高新技术领域，与发达国家相比仍存在明显的技术差距。这意味着，在未来与全球其他先进经济体竞争时，中国可能会因为缺乏前瞻性和深度的科技研发，而在某些关键领域落后。第三，在知识和技术密集型的数字经济领域，中国缺乏高层次、专业化的人才，这不仅限制了自主创新能力的提升，也不利于数字技术与实体经济的深度融合。

2. 数据要素市场尚未成熟

由于数据要素市场尚未成熟，数据要素的市场化和价值化面临多重挑战，包括数据要素确权、定价、交易、安全等方面。具体来看，第一，在确权方面，由于数据生产者（如消费者）与数据控制者（如平台企业）之间的权益冲突，数据产权归属问题变得复杂和模糊。这一复杂性来源于数据涉及的多重法律关系，如物权、人格权、民事权、隐私权等。除此之外，数据的非竞争性和低成本复制性进一步加剧了产权保护的难度。第二，在定价方面，数据的价值与其质量、收集的复杂性以及特定应用场景密切相关，而这些因素是多维度的并且难以量化。例如，即使两部纪录片的文件大小相同，其价值却可能有很大差异。同样地，数据在不同的处理和应用阶段（如原始数据、加工数据、分析数据）所表现出的价值也是多样的。第三，在交易方面，由于缺乏明确的法律法规和交易规则，数据资源经常处于"数据孤岛"的状态，这限制了数据在更广泛的生产和应用中的流通。缺乏确权技术手段也意味着交易主体界定模糊，从而影响数据交易市场的健康发展。第四，在安全方面，数据安全和隐私问题削弱了数据开放和共享的积极性。例如，即使单一数据集可能已经实施敏处理，但对数据集整体的分析仍可能会导致隐私侵犯或信息泄露。

3. 数实融合发展不够深入

中国数实融合深入发展面临的挑战主要体现在数字基础的不均衡性、行业需求的差异性以及数字化的跨界壁垒等方面。具体来看，第一，数字基础的不均衡性问题突出。消费互联网得益于移动互联网的飞速发展，然而教育、医疗等与民生紧密相关的实体行业在数实融合方面相对滞后。这些非"数字原生行业"在迁移到信息化、数字化的过程中需要更多时间来积累数据要素和构建数字基础架构。此外，由于这些行业具有各自独特的发展规律和技术需求，一概而论的"一刀切"式的数字化转型策略是不切实际的。第二，行业需求的差异性和碎片化问题也尤为突出。尽管借助云计算、平台化、软件化等模式的数字化可以使企业用较低的成本和高效的方式提升生产效率，但在实际应用中，由于行业和应用场景的多样性，以及项目和用户需求的异质性，很难设计出一种"一体化"的数字化解决方案。这一点也凸显了产业互联网与消费互联网之间的本质区别，即前者必须更加注重定制化和灵活性。第三，数字化存在着跨界壁垒。随着物联网、云计算、AI 等新兴技术的迅速渗透，许多传统行业（例如市政管理、教育和建筑等）已经意识到数字化是其高质量发展的关键。然而，如何有效地运用这些新技术，基于数字化，打破跨界壁垒进行模式创新，以构建新的竞争力，仍然是许多企业面临的问题。这不仅需要深度的战略洞见，还需要相应的执行能力和规划操盘。

4. 数字鸿沟仍然广泛存在

虽然数字红利为共同富裕带来了许多积极影响，但由于数字技术的内在特征，数字不平等现象浮现，主要体现为数字鸿沟的广泛存在，即不同地区、群体和社会阶层之间在数字技术接入和使用方面的差距。随着时间的推移，数字鸿沟可能逐渐演变为更加复杂的不平等现象，具体体现为以下几个方面：第一，个体的自身能力、所在地区以及所属行业的数字化水平不同，进一步导致资源获取能力的差距。那些居住在具有先进数字基础设施的城市和从事高度数字化的行业的人群，通常更容易获取到更多、更高质量的信息与机会，从而在激烈的市场竞争中占据优势。与此相反，那些处于数字化较低水平的地区和行业的人群，往往会遭遇信息获取不足、市场竞争能力下降等问题。第二，数字鸿沟在地理和行业之间具有显著的马太效应。例如，一些经济发达、基础设施完善的地区可能会进一步吸引更多的高技术人才和先进企业，形成正向的循环效应，加剧与其他地区的差距。同样，在某一行业内，先进企业与落后企业之间的差距也可能因为数字技术的引入而进一步扩大。第三，数字鸿沟还具有代际传递的特性。在一个高度依赖数字技术的社会环境中，没有接受过适当教育和培训的低收入家庭的子女，可能会在很小的时候就面临"起跑线"上的劣势，这一劣势将在他们日后的教育和职业生涯中进一步放大。

5. 数字公共服务多重失衡

在推动公共服务数字化的过程中，中国面临多重失衡的挑战，包括数字公共服务不平等、数字治理体系不完善以及治理办法不一致。这些挑战对实现数字公共服务普惠化、提高政府治理效能，以及保护公民数据隐私权和使用权等构成了重要阻碍。第一，数字素养差异加深了数字公共服务的不平等性。虽然自 2021 年以来，多地已开始倡导"适老化改造"等服务以缩小数字素养差异，但基于真实需求的数字服务供给侧优化仍是一个待解决的根本问题。因此，消除数字鸿沟，以实现数字公共服务普惠均等的目标成为紧迫的任务。第二，目前的数字治理体系有待完善。尽管数字技术具有潜在的改变政府治理方式和提高效率的能力，但由于开放程度不足和数据共享困难等问题，政府的数字治理模式仍然受限于传统的科层管理模式，影响了政府治理效能的提升。第三，数字治理体系规模不足，数字治理办法缺乏一致性。由于当前的数字治理体系规模不足，以及各级政府和部门之间缺乏统一的治理办法，导致了公共服务供给质量的精准识别能力不足。特别是在第三方公共服务供应者日益多样化和复杂化的情况下，缺乏一致性的治理办法将更加削弱政府对数字公共服务的实时监测和管理能力，从而无法对公民数据隐私权和使用权提供有效的保障。

6. 数字普惠金融处于困境

尽管数字普惠金融在推动社会经济发展方面发挥了积极作用，但在实践中仍处于困境。第一，数字普惠金融在地域和机构间存在明显的发展差异。在城乡间，数字普惠金融的供给侧存在不平衡，其中城市地区相对得到了更多的金融资源和服务。农村地区，特别是对于不太熟悉智能设备的中老年人群，数字金融服务依然相对匮乏。这种差异也体现在不同类型的银行之间。相比大银行，中小银行、特别是农商行在数字化、科技研发和对外拓展等方面的能力仍然相对滞后。第二，数据标准化、信息共享、产权确认和数据保护等方面的制度建设亟须完善。尤其是在小微企业的数字普惠金融中，替代性数据（如企业运营数据、税收数据等）的非标准化问题还没有得到有效解决，很大程度上阻碍了这些企业获取数字金融服务。第三，民营小微企业的特殊性给数字普惠金融带来额外的复杂性。这些企业经常面临多重困境，包括经济周期影响、订单不稳、财税问题等。在当前和未来的一段时间内，由于各种不确定性因素，数字金融机构为这些企业提供信贷服务将面临更大的风险。第四，随着人工智能和其他高端技术在金融领域的广泛应用，新的伦理和合规问题也逐渐显现。这包括但不限于客户歧视、数据隐私泄露等问题。特别是在风控审批中，如何避免因年龄、性别等因素导致的不公平现象，是当前数字普惠金融面临的一大挑战。

7. 平台经济监管欠缺规范

　　网络平台作为数字经济体系中的重要组成部分，日益成为资源配置和市场竞争的关键力量。然而，平台经济的发展也伴随着一系列监管挑战，尤其在平台垄断、算法滥用和数据泄露、新兴问题监管滞后等方面。这些问题不仅威胁到数字经济的健康发展，而且对社会、法律和国家经济金融安全构成实质性风险。第一，平台垄断已经成为一个日趋严重的问题。在"赢者通吃"的市场环境下，头部平台凭借其在数据、技术和资本方面的优势，进一步加强了对市场的控制，导致市场集中度显著上升。这种垄断态势不仅限制了中小企业的生存和发展空间，而且可能导致消费者权益受损，因为垄断企业有可能滥用其市场地位，通过不公平的定价和合同条款来剥削消费者。第二，算法滥用和数据泄露问题也日益凸显。尽管算法和数据分析能够为平台经济带来高度的效率和个性化体验，但其不透明性和潜在的偏见性也引发了一系列伦理和法律问题。不透明的算法可能会导致歧视或不公平的市场实践，而数据泄露和隐私侵犯则可能严重损害消费者和公众的信任。第三，目前对数字平台的监管体系还相对不成熟，缺乏针对新兴问题的明确规定和执行力度。这种监管缺陷不仅可能导致非法和不道德的商业实践，而且还可能影响到国家经济金融安全。

8. 农村电商发展面临瓶颈

农村电商在中国呈现出巨大的发展潜力，但同时也在综合服务体系、政策体系、人才储备、品牌资产、供应链等方面面临诸多瓶颈。第一，综合服务体系不完善。对于农村电商的产业治理相对较弱，多边治理网络未能有效解决内在的结构性矛盾。行政部门之间的协同不足，导致政策实施过程中存在"雷同"和资源浪费。这不仅阻碍了电商经营者的差异化需求满足，也破坏了整个产业的高效运作。第二，目前的政策体系对农村电商的扶持较为宏观和笼统，缺乏精准度。基层政府在推进相关项目时，由于不同发展阶段的农村电商对各种创业要素需求不同，一揽子政策往往造成资金和物质资源的错配。第三，农村电商的人才储备和品牌资产相对较弱。特别是在人才培养方面，存在着与电商行业快速发展之间的矛盾。这一局限性进一步被农村地区的老龄化和劳动力流失问题放大。此外，品牌建设也存在诸多问题，如品牌价值不高、品牌发展不平衡等。第四，供应链与物流链滞后。农产品的标准化问题，以及物流成本的持续居高，都给农村电商带来了巨大压力。特别是在西部地区，由于物流业务发展相对滞后，这些问题更为突出。

9. 数字配套制度建设滞后

在数字经济快速崛起的背景下，如何加强配套制度建设以促进共同富裕成为一个紧迫的议题。数字经济虽然具有促进均衡增长的潜力，但在实现共同富裕方面仍然面临多重挑战，现有的数字配套制度建设较为滞后。第一，虽然数字经济就业保护法的提出是一个积极的方向，但具体的执行和落地可能会面临种种难题。例如，现行法律体系可能没有足够的灵活性和应变能力来适应快速发展的数字经济。同时，在实施阶段，确保所有劳动者都能够得到公平的待遇和再就业机会是一大挑战。这不仅包括法律制定，还涉及监管机制的建立，以及与其他相关法律和政策的协调。第二，推动市场整合和产业分散确实能为中小企业和个体户创造更多的机会，但这也可能带来数据安全、隐私保护、公平竞争等问题。随着更多的个体和企业进入数字经济，如何确保他们的数据安全和隐私受到保护，以及如何确保在一个更开放的市场环境中维持公平竞争，是一个重大的挑战。第三，虽然数字技术有潜力提高税收的效率和精准度，但如何公平地进行财富再分配则是一个更为复杂的问题。高收入群体有更多的资源和手段来避税，而低收入群体可能因为信息不对称、教育程度低等因素而不能充分利用社会福利。因此，如何设计一个既公平又有效的税收和转移支付制度，以实现更公平的收入分配，是一个严峻的挑战。第四，中国地域广大，不同地区和行业在数字经济发展上存在显著差异。如何制定和执行既能照顾到这些差异，同时又不影响整体市场竞争力和效率的政策，是需要仔细考虑的问题。

数字经济促进共同富裕的建议

1. 增强数字技术研发创新

为应对数字技术依赖、科技储备不足及高层次人才短缺等一系列复杂挑战，政府应实施一套多维度、全方位的研发政策体系，着力推动数字技术研发创新。第一，政府须将数字技术战略性地纳入国家发展规划，并针对该领域提升研发资金投入。具体来说，除了直接的财政援助外，应制定相应的税收优惠政策和激励措施，并建立专门的基金，以便对具有长期战略价值的研究项目和创新型企业给予扶持。在此基础上，推崇"产学研"一体化合作模式，促进高等教育机构、研究实体及产业界的协同创新，以共同解决技术难题。第二，科技储备的充实不仅依赖于短期的投入和产出，更需长期、持续的基础研究。在此方面，制定全面的技术储备机制成为当务之急，该机制应覆盖研发、试验甚至商业化的全流程，并对关键技术进行周期性的评估和持续性的管理。第三，在高层次人才缺乏的问题上，解决方案需要从根本性的教育体制改革入手。这包括但不限于在大学教育层面加大与数字技术及人工智能相关的课程和专业的引入力度，以及对师资队伍进行深度培养和优化。另外，不仅需要在政策层面

247

给予海外人才足够的激励以引导其回国，同时也需要构建一个公平、透明、具有国际竞争力的科研环境。在人才政策构建方面，多元化激励机制的确立也是不可或缺的一环，其中应包括研究资助、税务减免以及丰富的职业发展机会。

2. 健全数据要素市场制度

中国在数据要素市场化和价值化方面的挑战是复杂的，涉及伦理、法律和商业模式等多方面的问题。因此，解决这些问题需要多角度、多层次的综合政策，不断健全数据要素市场制度。第一，政府应建立数据分类分级确权框架。数据应当被分类为公共数据、原始数据和数据产品，其中每一类都有其独特的所有权和使用权问题。公共数据主要由政府或其他公共机构生成并用于公共利益，原始数据来自各种传感器和用户行为，而数据产品则是经过处理和分析的高价值数据。充分利用区块链技术，设立数据登记确权平台，为各类数据确立清晰的权属。第二，建立健全数据资产评估指标体系。该体系能够综合考虑这些因素以形成一个公允的市场价值。这将为数据交易提供一个相对客观和可靠的定价依据。在此基础上，除了完善确权机制和定价体系之外，建设良好的数据交易环境也非常重要。公平、开放、透明的数据交易规则是确保市场健康运作的基础。这需要一个多方参与的框架，涉及政府机构、行业组织、学术研究机构和企业等。制定的规则应考虑数据的多样性、复杂性和多维性，以及其在不同应用场景下的价值和敏感性，以形成一个全面而灵活的交易机制。第三，建立数据安全责任体系和管理制度。数据的开放和共享不可避免地会带来新的安全风险，因此需要建立数据安全责任体系和管理制度，例如按照数据分类和重要性来确定不同级别的保护要求和责任主体。增强数据安全的技术研发力度，促进联邦计算、多方安全计算、可信计算等隐私计算前沿技术的应用，以提高整个数据生态系统的安全性。

3. 推动数实融合深入发展

针对中国数实融合面临的数字基础不均衡性、行业需求差异性以及跨界壁垒等方面的挑战，政府需要构建一个多元化、灵活性强并且针对性明确的政策体系。第一，加强数字基础设施建设。数字基础设施包括高速互联网、云计算和数据中心等。在工业、教育、医疗和建筑等非"数字原生行业"，缺乏这些基础设施可能成为制约其数字化转型的重要障碍。因此，政府需要将这些行业列为数字基础设施建设的重点领域，并投入必要的资源以缩短与先进行业之间的差距。第二，推动行业特定的数实融合路径。"一刀切"的数字化策略是不现实的，特别是在那些具有特定需求和限制的行业中。例如，医疗行业对数据安全和个人隐私的要求可能远高于零售或娱乐行业。因此，每个行业都需要一个量身定制的数实融合路径，这一路径应当根据行业的特性、现状以及未来发展目标来设定。政府可以通过专门的研究机构或与高等教育机构和行业协会的合作，制定针对不同行业的数字化标准和最佳实践。第三，促进数字技术和行业应用的深度融合。面对行业需求的差异性和碎片化，单一、标准化的数字解决方案往往难以满足所有场景和需求。因此，各行业必须与数字技术提供商、研究机构以及其他利益相关者紧密合作，以开发更为贴近实际应用场景的解决方案。这种深度融合不仅有助于提高数字化项目的成功率，还可能在特定领域内培育出具有核心竞争力的新技术和模型。第四，打破数实融合跨界壁垒。在许多传统行业中，如何有效地应用新兴的数字技术，将这些技术与现有的业务流程、组织结构以及市场定位相融合，是一大挑战。在这一过程中，企业可能会遭遇多种跨界壁垒，包括但不限于规模经济、数据共享、技术兼容性等。政府应当通过提供转型指导、培训、财政支持等手段，以帮助企业更为平稳地渡过这一转型期。

4. 缩小各个方面数字鸿沟

多方面的数字鸿沟不仅影响经济发展的均衡性，也会在社会层面造成收入和机会的不平等，从而削弱共同富裕的社会目标。缩小数字鸿沟涉及宏观调控、产业布局、教育培训等多个方面。第一，从区域角度看，应加强中西部地区的数字基础设施建设。尽管东部沿海地区的数字化水平相对较高，但中西部地区尤其是农村地区的数字化进程相对缓慢。为了解决这一问题，政府应运用转移支付、专项基金等宏观调控手段，增强对中西部地区数字基础设施建设的支持力度。这样不仅可以提高当地的信息获取和处理能力，还能进一步吸引数字产业到这些地区落户，从而带动当地经济发展。例如，贵州省凭借自然资源和地理优势，成功实现了大数据产业的蓬勃发展。第二，数字化也应该与乡村振兴相结合。在农业发展布局中融入电子商务和现代物流，不仅可以增加农副产品的附加值，还能扩大特色产品的营销范围，增加农民收入，从而反哺农村地区的数字化建设。这不仅能有效缩小城乡数字鸿沟，也有助于促进农民收入水平的全面提升。第三，针对群体间的数字鸿沟，教育培训是核心的解决途径。在基础教育中增加数字教育的比重，可以帮助儿童从小培养数字意识和能力。同时，针对不同收入和职业群体，尤其是低收入和低学历人群，应该提供更多的培训和学习机会，以提高他们的数字技能和应对数字工作的能力。

5. 提升数字公共服务质效

为了应对公共服务数字化的诸多挑战，政府必须从缩小数字鸿沟、完善数字治理体系，以及统一和规范治理办法这三个关键方面入手。第一，缩小数字鸿沟以推动数字公共服务的普惠化是当务之急。政府应注重数字教育和基础设施的普及，特别是在农村和社会边缘群体中。同时，适老化和无障碍服务的提供应成为考虑因素，以便确保全民都能平等地享受数字化的公共服务。教育和基础设施投资能够提升个体和社群的数字素养，其回报远超初始的资本和运营成本，具有长期可持续性。第二，完善数字治理体系是提升数字公共服务效率和质量的关键。各级政府和部门之间需要实现全面、高效的数据共享和互联，同时逐渐摆脱传统的科层管理模式。通过引入开放性和增强透明度，政府能够更有效地响应公众需求，从而提升整体的治理效率。第三，统一和规范治理办法也是确保数字公共服务供给质量和数据安全的基础。这意味着需要制定和执行一套全国性的数字服务标准和规范。通过这样的标准化，不仅能确保各级政府和部门间的协同性和一致性，而且也能更有效地保护公民的数据隐私权和使用权。同时，引入第三方监管机构和建立严格的数据保护法规，都有助于确保公众的基本权益得到全面的保障。

6. 完善数字普惠金融政策

数字普惠金融所面临的挑战不仅需要金融机构自身的转变和创新，还需要政府在政策、制度方面提供有力的支持和指导。第一，为缓解地域和机构间的发展差异，政府应加强农村和偏远地区数字基础设施的建设和优化，确保农村和偏远地区能够使用数字普惠金融服务。这不仅需要资金投入，还需引导和政策支持。同时，应鼓励金融机构与科技公司进行深度合作，以加速金融科技的研发和应用。第二，针对小微企业的金融需求，政府应推动多元化金融服务的发展。除了传统的信贷产品，还应鼓励金融机构推出更多符合小微企业特点的金融工具，如供应链金融、发票融资等。同时，应强化风险分担机制，通过政府引导基金或保险等方式，降低金融机构承担的风险，从而激励他们更多地服务于小微企业。第三，随着金融科技的快速发展，如何在确保效率和便利性的同时，解决伦理和合规问题，是必须重视的问题。政府应加强对金融科技应用的监管，确保其符合伦理和合规要求，防止客户歧视和数据滥用等不良现象的发生。第四，普及金融知识和提高金融素养是推动数字普惠金融健康发展的人力资本基础。因此，政府应加强与教育部门、社会组织以及金融机构的合作，广泛开展金融教育和普及活动，特别是针对农村和老年人群。

7. 促进平台经济常态监管

为促进平台经济常态监管，政府需要在加快平台经济立法、建立多层次监管机制、扶持中小型平台企业方面持续发力。第一，政府应该通过立法手段明确平台的权利和责任，特别是在数据收集和使用、算法透明度以及市场竞争方面。对于数据收集和使用，建议立法明确网络平台在数据收集、存储和处理方面的权利与责任。数据是数字经济的核心要素，但在当前的环境下，对数据的处理常常缺乏明确的法律指导。为保障个人隐私和数据安全，应设立严格的数据保护法规，规定数据如何被收集、如何存储以及如何用于商业分析和个性化服务等。同时，对于滥用数据或违反隐私规定的行为，应予以严厉的法律制裁；在算法透明度方面，建议推动平台开放算法逻辑或至少部分逻辑，并接受第三方审计。算法不仅影响着消费者体验，还在资源分配、信息流动等方面扮演关键角色。算法的透明度有助于防止滥用，如信息歧视或垄断等，也更便于监管部门进行合规性检查；关于市场竞争，立法应明确禁止滥用市场支配地位和不正当竞争行为，以确保市场公平。特别是对于具有市场支配地位的平台企业，应该有法律限制其在价格、合同条件和数据使用等方面的滥用行为，以促进中小型平台企业的健康成长。第二，建立多层次的监管机制。除了政府监管之外，还需要促进行业自律和公众参与。例如，可以成立由行业代表、消费者代表和专家学者组成的第三方监管组织，以提供更为全面和公正的评估。第三，对中小型平台企业应给予特殊关注。鼓励中小企业通过技术创新、特色服务和与其他中小企业或大企业的合作等方式，来提升自身的竞争力和市场份额。政府可以通过财政支持、税收优惠和简化审批流程等方式，促进中小型平台企业的健康发展。

8. 加大农村电商扶持力度

针对治理薄弱、电商人才、供应链与物流链等方面的农村电商现存问题，政府应加大政策扶持力度，助力农村电商高质量发展。第一，政府应当明确农村电商治理的主体、客体、结构和边界，构建多边治理网络。具体来说，政府应与企业、农户以及第三方服务机构等多方合作，共同建立和完善农村电商的规章制度，以消除产业内在结构矛盾。第二，在政策设计方面，需要提高政策的精准度。政策应更加灵活地适应农村电商的不同发展阶段和区域特点，而非"一揽子"解决所有问题。这意味着，应当细化扶持政策，针对不同的农产品类型、地区和电商模型提供定制化的支持，以避免资源配给错位和政策资源的浪费。第三，应当解决电商人才培养与行业快速发展之间的矛盾。这需要教育部门与行业企业紧密合作，改进现有的教育和培训体系，特别是在农村地区，应当加强对电商相关知识和技能的教育，以提高中高龄留守人群的电商人才转化效率。第四，针对供应链和物流链的问题，应当进行全面的优化和升级。这包括但不限于加强农产品质量标准化、提升仓储物流体系、完善政府监管体系以及推动农产品供应链和物流链的技术创新。尤其在西部地区，需要加大物流基础设施的投资，以降低物流成本并提高效率。

9. 深化数字配套制度建设

深化数字配套制度建设需要一套综合性、多维度的政策框架，旨在通过劳动就业、财政税收、社会保障、转移支付和金融保险等多个维度来实现高水平的共同富裕。第一，面对数字化进程对传统就业模式的冲击，应通过立法手段为劳动者提供充分的权益保障。具体来说，数字经济就业保护法应包括以下几个方面：一是对因技术变革导致失业的劳动者，设立专门的再培训和再就业基金，帮助劳动者更新技能、改变职业轨迹；二是对零工经济和远程劳动等新型就业形态，应明确其合法地位，并规定劳动者应享有的基本权益，如合理的薪酬、工时和健康保险等；三是设立数字经济劳动纠纷解决机制，为劳动者和雇主提供公平、高效的争议解决渠道。第二，市场整合和产业分散是数字经济均衡增长的关键驱动因素，应充分发挥市场在资源配置中的决定性作用。为了促进这一过程，政府应采取如下措施：一是消除区域和行业间的市场进入壁垒，如过高的行政许可要求、不合理的资本门槛等，以促进市场竞争和产业创新；二是通过数字金融服务，为中小企业和个体户提供更加灵活、多样的融资渠道，包括但不限于推广线上融资平台、设立数字经济投资基金、与传统金融机构合作等；三是数字经济为财政和税收政策提供了前所未有的操作空间，应积极建立适应数字经济发展的财税政策和制度体系，例如通过大数据、人工智能等技术手段精准地识别高收入和逃税群体，从而实现更为高效的税收征管。第三，在分配政策方面，应通过转移支付机制，将高收入群体的部分财富重新分配给社会弱势群体。这不仅包括现金补贴，还应拓宽到教育、医疗等基础公共服务领域，确保低收入群体能够充分共享数字经济带来的红利。

参考文献

[1] Acar, O. A., Puntoni, S. (2016). Customer empowerment in the digital age. *Journal of Advertising Research*, 56(1), 4–8.

[2] Acemoglu, D. (1998). Why do new technologies complement skills? Directed technical change and wage inequality. *Quarterly Journal of Economics*, 113(4), 1055–1089.

[3] Acemoglu, D., Restrepo, P. (2018). The race between man and machine: Implications of technology for growth, factor shares, and employment. *American Economic Review*, 108(6), 1488–1542.

[4] Ahmed, A., Al–Roubaie, A. (2013). Povertry reduction in the Arab world: The use of ICTs. *World Journal of Science, Technology and Sustainable Development*, 10(3), 195–211.

[5] Aker, J. C. (2010). Information from markets near and far: Mobile phones and agricultural markets in Niger. *American Economic Journal: Applied Economics*, 2(3), 46–59.

[6] Alavion, S. J., Taghdisi, A. (2021). Rural e–marketing in Iran; Modeling villagers' intention and clustering rural regions. *Information Processing in Agriculture*, 8(1), 105–133.

[7] Anderson, C. (2006). *The long tail: Why the future of business is selling less of more*. New York: Hyperion.

[8] Armstrong, M. (2006). Competition in two-sided markets. *RAND Journal of Economics*, 37(3), 668–691.

[9] Autor, D. H. (2015). Why are there still so many jobs? The history and future of workplace automation. *Journal of Economic Perspectives*, 29(3), 3–30.

[10] Azevedo, E. M., Leshno, J. D. (2016). A supply and demand framework for two-sided matching markets. *Journal of Political Economy*, 124(5), 1235–1268.

[11] Azevedo, E. M., Weyl, E. G. (2016). Matching markets in the digital age. *Science*, 352(6289), 1056–1057.

[12] Banerjee, A. V., Newman, A. F. (1993). Occupational choice and the process of development. *Journal of Political Economy*, 101(2), 274–298.

[13] Beck, T., Demirguc-Kunt, A., Levine, R. (2007). Finance, inequality and the poor. *Journal of Economic Growth*, 12(1), 27–49.

[14] Borenstein, S., Saloner, G. (2001). Economics and electronic commerce. *Journal of Economic Perspectives*, 15(1), 3–12.

[15] Brown, J. R., Goolsbee, A. (2002). Does the Internet make markets more competitive? Evidence from the life insurance industry. *Journal of Political Economy*, 110(3), 481–507.

[16] Burgess, R., Pande, R. (2005). Do rural banks matter? Evidence from the Indian social banking experiment. *American Economic Review*, 95(3), 780–795.

[17] Chen, L. (2016). From fintech to finlife: the case of fintech

development in China. *China Economic Journal*, 9(3), 225–239.

[18] Das, B. (2014). ICTs adoption for accessing agricultural information: Evidence from Indian agriculture. *Agricultural Economics Research Review*, 27(2), 199–208.

[19] de Reuver, M., Sørensen, C., Basole, R. C. (2018). The digital platform: A research agenda. *Journal of Information Technology*, 33(2), 124–135.

[20] Dettling, L. J. (2017). Broadband in the labor market: The impact of residential high speed internet on married womerce participation. *ILR Review*,70(2), 451–482.

[21] Dupas, P., Robinson, J. (2013). Savings constraints and microenterprise development: Evidence from a field experiment in Kenya. *American Economic Journal: Applied Economics*, 5(1), 163–192.

[22] Esteban, J., Ray, D. (2008). Polarization, fractionalization and conflict. *Journal of Peace Research*, 45(2), 163–182.

[23] Fan, C, C., Scott, A. J. (2003). Industrial agglomeration and development: A survey of spatial economic issues in East Asia and a statistical analysis of Chinese regions. *Economic Geography*, 79(3), 295–319.

[24] Galor, O., Zeira, J. (1993). Income distribution and macroeconomics. *Review of Economic Studies*, 60(1), 35–52.

[25] Gao, Y., Zang, L., Sun, J. (2018). Does computer penetration increase farmers' income? An empirical study from China. *Telecommunications Policy*, 42(5), 345–360.

[26] Goldfarb, A., Tucker, C. (2019). Digital economics. *Journal of Economic Literature*, 57(1), 3–43.

[27] Goldsmith, R. W. (1969). *Financial structure and economic development*. New Haven and London: Yale University Press.

[28] Gordon, R. J. (2018). Declining American economic growth despite ongoing innovation. *Explorations in Economic History*, 69, 1–12.

[29] Govindan, K., Shankar, K. M., Kannan, D. (2020). Achieving sustainable development goals through identifying and analyzing barriers to industrial sharing economy: A framework development. *International Journal of Production Economics*, 227, 107575.

[30] Gozman, D., Liebenau, J., Mangan, J. (2018). The innovation mechanisms of fintech start-ups: Insights from SWIFT's innotribe competition. *Journal of Management Information Systems*, 35(1), 145–179.

[31] Greenwood, J., Jovanovic, B. (1990). Financial development, growth, and the distribution of income. *Journal of Political Economy*, 98(5), 1076–1107.

[32] Hassler, J., Mora, J. V. R., Zeira, J. (2007). Inequaility and mobility. *Journal of Economic Growth*, 12, 235–259.

[33] Hjort, J., Poulsen, J. (2019). The arrival of fast Internet and employment in Africa. *American Economic Review*, 109(3), 1032–1079.

[34] Ivus, O., Boland, M. (2015). The employment and wage impact of broadband deployment in Canada. *Canadian Journal of Economics*, 48(5), 1803–1830.

[35] Jerzmanowski, M., Nabar, M. (2013). Financial development and wage inequality: Theory and evidence. *Economic Inquiry*, 51(1), 211–234.

[36] Jones, C. I., Tonetti, C. (2020). Nonrivalry and the economics of data. *American Economic Review*, 110(9), 2819–2858.

[37] Jorgenson, D. W., Ho, M. S., Samuels, J. D. (2016). The impact of information technology on postwar US economic growth. *Telecommunications Policy*, 40(5), 398–411.

[38] Kapoor, A. (2014). Financial inclusion and the future of the Indian economy. *Futures*, 56, 35–42.

[39] Karaivanov, A. (2012). Financial constraints and occupational choice in Thai villages. *Journal of Development Economics*, 97(2), 201–220.

[40] Kuznets, S. (1955). Economic growth and income inequality. *American Economic Review*, 45(1), 1–28.

[41] Laudien, S. M., Pesch, R. (2019). Understanding the influence of digitalization on service firm business model design: A qualitative-empirical analysis. *Review of Managerial Science*, 13(3), 575–587.

[42] Lee, H. L., Whang, S. (2001). Winning the last mile of e–commerce. *MIT Sloan Management Review*, 42(4), 54–62.

[43] Maurer, N., Haber, S. (2007) Related lending and economic performance: Evidence from Mexico. *Journal of Economic History*, 67(3), 551–581.

[44] McKinnon, R. I. (1973). *Money and capital in economic*

development. Washington, DC: Brooking Institution.

[45] Moreno-Galbis, E., Wolff, F. (2008). New technologies and the gender wage gap: Evidence from France. *Relations Industrielles / Industrial Relations*, 63(2), 317–342.

[46] Morrison, P. S., O'Brien, R. (2001). Bank branch closures in New Zealand: The application of a spatial interaction model. *Applied Geography*, 21(4), 301–330.

[47] Nambisan, S. (2017). Digital entrepreneurship: Toward a digital technology perspective of entrepreneurship. *Entrepreneurship Theory and Practice*, 41(6), 1029–1055.

[48] Nie, P., Ma, W., Sousa-Poza, A. (2021). The relationship between smartphone use and subjective well-being in rural China. *Electronic Commerce Research*, 21, 983–1009.

[49] North, D. C. (2001). The process of economic change. In Mwabu, G., Ugaz, C., White, G. *Social Provision in Low-Income Countries: New Patterns and Emerging Trends* (pp. 14–25). Oxford University Press.

[50] Ouma, S. A., Odongo, T. M., Were, M. (2017). Mobile financial services and financial inclusion: Is it a boon for savings mobilization? *Review of Development Finance*, 7(1), 29–35.

[51] Ozili, P. K. (2018). Impact of digital finance on financial inclusion and stability. *Borsa Istanbul Review*, 18(4), 329–340.

[52] Pan, W., Xie, T., Wang, Z., Ma L. (2022). Digital economy: An innovation driver for total factor productivity. *Journal of Business Research*, 139, 303–311.

[53] Peng, C., MA, B., Zhang, C. (2021) .Poverty alleviation through e-commerce: Village in volvement and demonstration policies in rural China. *Journal of Integrative Agriculture*, 20(4), 998-1011.

[54] Porter, M. E., Heppelmann, J. E. (2015). How smart, connected products are transforming companies. *Harvard Business Review*, 93(10), 97-114.

[55] Ragnedda, M. (2016). *The third digital divide: A weberian approach to digital inequalities*. London: Routledge.

[56] Rietveld, J., Schilling, M. A. (2021). Platform competition: A systematic and interdisciplinary review of the literature. *Journal of Management*, 47(6), 1528-1563.

[57] Rogers, E. M., Singhal, A., Quinlan, M. M. (2008). Diffusion of innovations. In D. W. Stacks, M. B. Salwen, K. C. Eichhorn (Eds.), *An integrated approach to communication theory and research* (pp. 432-448). London: Routledge.

[58] Shaikh, A. A., Karjaluoto, H. (2015). Mobile banking adoption: A literature review. *Telematics and Informatics*, 32(1), 139-142.

[59] Shaw, E. S. (1973). *Financial deepening in economic development*. New York: Oxford University Press.

[60] Singhal, K., Feng, Q., Ganeshan, R., et al. (2018). Introduction to the special issue on perspectives on big data. *Production and Operations Management*, 27(9), 1639-1641.

[61] Smith, C., Smith, J. B., Shaw, E. (2017). Embracing digital networks: Entrepreneurs' social capital online. *Journal of Business Venturing*, 32(1), 18-34.

[62] Smith, M. L., Spence, R., Rashid, A. T. (2011). Mobile phones and expanding human capabilities. *Information Technologies & International Development*, 7(3), 77–88.

[63] Staiger, D., Stock, J. H. (1997). Instrumental variables regression with weak instruments. *Econometrica*, 65(3), 557–586.

[64] Tang, W., Zhu, J. (2020). Informality and rural industry: Rethinking the impacts of E–Commerce on rural development in China. *Journal of Rural Studies*, 75, 20–29.

[65] Tapscott, D. (1996). *The digital economy: Promise and peril in the age of networked intelligence.* New York: McGrawHill.

[66] Urbinati, A., Chiaroni, D., Chiesa, V., et al. (2020). The role of digital technologies in open innovation processes: An exploratory multiple case study analysis. *R&D Management*, 50(1), 136–160.

[67] Wigand, R. T. (1997). Electronic commerce:Definition, theory and context. *Information Society*, 13(1), 1–16.

[68] Wrigley, N., Lowe, M., Currah, A. (2002). Retailing and e–tailing. *Urban Geography*, 23(2), 180–197.

[69] Yang, H. (2013). Targeted search and the long tail effect. *RAND Journal of Economics*, 44(4), 733–756.

[70] 白俊红、王钺、蒋伏心、李婧. 研发要素流动、空间知识溢出与经济增长 [J]. 经济研究，2017(07): 109–123.

[71] 白雪洁、李琳、宋培. 兼顾效率与公平：中国数字经济发展对经济增长与收入不平等的影响研究 [J]. 西安交通大学学报（社会科学版），2023(01): 38–50.

[72] 北京大学课题组，黄璜 . 平台驱动的数字政府：能力、转型与现代化 [J]. 电子政务，2020(07): 2-30.

[73] 蔡秉坤 . 普惠金融实现中区块链应用的法律挑战及应对 [J]. 兰州大学学报（社会科学版），2020(05): 39-48.

[74] 蔡莉、杨亚倩、卢珊、于海晶 . 数字技术对创业活动影响研究回顾与展望 [J]. 科学学研究，2019(10): 1816-1824.

[75] 蔡跃洲、马文君 . 数据要素对高质量发展影响与数据流动制约 [J]. 数量经济技术经济研究，2021(03): 64-83.

[76] 蔡跃洲、牛新星 . 中国数字经济增加值规模测算及结构分析 [J]. 中国社会科学，2021(11): 4-30.

[77] 蔡跃洲 ."互联网 +"行动的创新创业机遇与挑战——技术革命及技术 – 经济范式视角的分析 [J]. 求是学刊，2016(03): 43-52.

[78] 常向东、尹迎港 . 网络基础设施建设促进了区域经济的协调发展吗？ [J]. 首都经济贸易大学学报，2022(06): 45-58.

[79] 钞小静、任保平 . 中国经济增长质量的时序变化与地区差异分析 [J]. 经济研究，2011(04): 26-40.

[80] 陈斌开、林毅夫 . 发展战略、城市化与中国城乡收入差距 [J]. 中国社会科学，2013(04): 81-102.

[81] 陈兵 . 互联网平台经济运行的规制基调 [J]. 中国特色社会主义研究，2018(03): 51-60.

[82] 陈蕾 . 不确定性经营：数字经济时代的新型生产模式 [J]. 中国流通经济，2023(07): 48-56.

[83] 陈梦根、周元任 . 数字经济、分享发展与共同富裕 [J]. 数量经

济技术经济研究，2023(10): 5–26.

[84] 陈享光、汤龙、唐跃桓. 农村电商政策有助于缩小城乡收入差距吗——基于要素流动和支出结构的视角 [J]. 农业技术经济，2023(03): 89–103.

[85] 陈晓红、李杨扬、宋丽洁、汪阳洁. 数字经济理论体系与研究展望 [J]. 管理世界，2022(02): 208–224.

[86] 陈胤默、王喆、张明、仉力. 全球数字经济发展能降低收入不平等吗？[J]. 世界经济研究，2022(12): 118–132.

[87] 陈昱燃、张桥云、熊德平. 中国金融发展在缩小城乡收入差距中的作用——基于直接普惠与间接普惠的视角 [J]. 当代经济研究，2022(11): 117–128.

[88] 陈宗胜、杨希雷. 论中国共同富裕测度指标和阶段性进展程度 [J]. 经济研究，2023(09): 79–97.

[89] 崔凯、冯献. 演化视角下农村电商"上下并行"的逻辑与趋势 [J]. 中国农村经济，2018(03): 29–44.

[90] 崔宇、范芹. 数字经济对高质量就业的双重影响及其实现路径 [J]. 经济问题，2023(09): 52–59.

[91] 邓忠奇、高廷帆、朱峰. 地区差距与供给侧结构性改革——"三期叠加"下的内生增长 [J]. 经济研究，2020(10): 22–37.

[92] 丁志帆. 数字经济驱动经济高质量发展的机制研究：一个理论分析框架 [J]. 现代经济探讨，2020(01): 85–92.

[93] 端利涛、蔡跃洲. 平台经济影响共同富裕的作用机制及实现路径——基于价值流转的机制分析 [J]. 新疆师范大学学报（哲学社会科学版），2023(04): 64–76.

[94] 方福前、田鸽、张勋. 数字基础设施与代际收入向上流动性——基于"宽带中国"战略的准自然实验 [J]. 经济研究，2023(05): 79–97.

[95] 方行明、许辰迪、周文、米军. 新一轮西部大开发的战略重点与"第五增长极"的打造 [J]. 新疆社会科学，2023(03): 70–83.

[96] 封志明、唐焰、杨艳昭、张丹. 中国地形起伏度及其与人口分布的相关性 [J]. 地理学报，2007(10): 1073–1082.

[97] 冯科. 数字经济时代数据生产要素化的经济分析 [J]. 北京工商大学学报（社会科学版），2022(01): 1–12.

[98] 冯献、李瑾、郭美荣. "互联网＋"背景下农村信息服务模式创新与效果评价 [J]. 图书情报知识，2016(06): 4–15.

[99] 傅秋子、黄益平. 数字金融对农村金融需求的异质性影响——来自中国家庭金融调查与北京大学数字普惠金融指数的证据 [J]. 金融研究，2018(11): 68–84.

[100] 甘海威、娄成武. 公共服务私人部门供给下的逆向公私合作研究——以共享单车服务为例 [J]. 内蒙古社会科学，2018(02):29–35.

[101] 高国力、贾若祥、徐睿宁. 加快特殊类型地区高质量振兴发展研究 [J]. 经济纵横，2022(07): 78–84.

[102] 高梦滔、毕岚岚. 亲贫增长的测量——基于滇黔桂农村微观数据的分析 [J]. 中国人口科学，2014(06): 36–49.

[103] 关乐宁. 共享经济发展与扩大内需战略：机理、梗阻及路径 [J]. 消费经济，2023(06): 90–100.

[104] 郭承龙 . 农村电子商务模式探析——基于淘宝村的调研 [J]. 经济体制改革，2015(05): 110–115.

[105] 郭峰、王靖一、王芳、孔涛、张勋、程志云 . 测度中国数字普惠金融发展：指数编制与空间特征 [J]. 经济学（季刊），2020(04): 1401–1418.

[106] 郭小东 . 生成式人工智能的风险及其包容性法律治理 [J]. 北京理工大学学报（社会科学版），2023(06): 93–105.

[107] 郭晓鸣、丁延武 . 以城乡融合促进共同富裕的战略思考 [J]. 经济纵横，2023(03): 8–16.

[108] 韩保江 . 实现全体人民共同富裕：逻辑、内涵与路径 [J]. 理论视野，2021(11): 61–67.

[109] 韩文龙 . 数字经济中的消费新内涵与消费力培育 [J]. 福建师范大学学报（哲学社会科学版），2020(05): 98–106.

[110] 郝新军、沈朝阳 . 农村电商赋能乡村振兴成效评价与障碍因素分析 [J]. 西安财经大学学报，2022(05): 40–52.

[111] 何爱平、李清华 . 数字经济、全劳动生产率与区域经济发展差距 [J]. 经济问题，2022(09): 9–17.

[112] 何德旭、苗文龙 . 金融排斥、金融包容与中国普惠金融制度的构建 [J]. 财贸经济，2015(03): 5–16.

[113] 何理、赵一宁、冯科 . 数字金融发展对共同富裕的影响：基于县级数据的实证分析 [J]. 学习与探索，2022(09): 139–147.

[114] 洪茹菲、吴建华 . 数字经济、基本公共服务均等化与农民农村共同富裕 [J]. 西南民族大学学报（人文社会科学版），2023(06): 123–132.

[115] 洪银兴. 培育新动能：供给侧结构性改革的升级版 [J]. 经济科学，2018(03): 5–13.

[116] 胡洁、郭全中、韩一鸣、于宪荣. 平台企业助力共同富裕的机理与路径 [J]. 中国经济报告，2023(01): 124–132.

[117] 胡联合、胡鞍钢. 贫富差距是如何影响社会稳定的? [J]. 江西社会科学，2007(09): 142–151.

[118] 胡天石、傅铁信. 中国农产品电子商务发展分析 [J]. 农业经济问题，2005(05): 23–27.

[119] 胡泳、年欣. 自由与驯化：流量、算法与资本控制下的短视频创作 [J]. 社会科学战线，2022(06): 144–165.

[120] 黄敦平、尹凯. 数字普惠金融发展能否提升农村创业活跃度 [J]. 金融与经济，2023(08): 43–53.

[121] 黄倩、李政、熊德平. 数字普惠金融的减贫效应及其传导机制 [J]. 改革，2019(11): 90–101.

[122] 黄群慧、余泳泽、张松林. 互联网发展与制造业生产率提升：内在机制与中国经验 [J]. 中国工业经济，2019(08): 5–23.

[123] 黄伟、刘银轲、胡培奇. 数字鸿沟背景下小农户信息赋能过程机理与实现路径——基于数字包容理论的多案例研究 [J]. 技术经济，2023(06): 138–152.

[124] 黄益平、黄卓. 中国的数字金融发展：现在与未来 [J]. 经济学（季刊），2018(04): 1489–1502.

[125] 黄永春、宫尚俊、邹晨、贾琳、许子飞. 数字经济、要素配置效率与城乡融合发展 [J]. 中国人口·资源与环境，2022(10): 77–87.

[126] 霍伟伟、龚靖雅、李鲜苗、聂晶 . 主动及被动模式下在线远程办公影响效果研究述评与展望 [J]. 中国人力资源开发，2020(08): 6–21.

[127] 纪玉山、代栓平、何翠翠 . 中等收入者比重的扩大及"橄榄型"财富结构的达致 [J]. 社会科学研究，2005(02): 35–40.

[128] 坚瑞、廖林娟、谢晓佳 . 数智时代平台型企业服务生态系统价值共创演化机理研究——以字节跳动为例 [J]. 福建论坛（人文社会科学版），2023(08): 97–111.

[129] 姜奇平 . 数字经济学的基本问题与定性、定量两种分析框架 [J]. 财经问题研究，2020(11): 13–21.

[130] 金殿臣、邓国琴 . 数字经济与共同富裕：基于城乡收入差距的视角 [J]. 贵州社会科学，2022(09): 121–128.

[131] 靳玉琼、张宇润 . 共同富裕视角下中国居民家庭代际收入流动性测度 [J]. 企业经济，2022(07): 56–65.

[132] 荆文君、孙宝文 . 数字经济促进经济高质量发展：一个理论分析框架 [J]. 经济学家，2019(02): 66–73.

[133] 孔高文、刘莎莎、孔东民 . 机器人与就业——基于行业与地区异质性的探索性分析 [J]. 中国工业经济，2020(08): 80–98.

[134] 蓝管秀锋、匡贤明 . 产业结构转型升级对城乡收入差距的影响分析——基于金融"脱实向虚"视角 [J]. 产经评论，2021(03): 104–113.

[135] 李标、孙琨、孙根紧 . 数据要素参与收入分配：理论分析、事实依据与实践路径 [J]. 改革，2022(03): 66–76.

[136] 李春玲 . 社会结构变迁中的城镇社会流动 [J]. 社会学研究，

1997(05): 82–88.

[137] 李稻葵. 中国宏观经济形势分析与未来取向 [J]. 改革，2021(01): 1–17.

[138] 李海舰、田跃新、李文杰. 互联网思维与传统企业再造 [J]. 中国工业经济，2014(10): 135–146.

[139] 李海舰、赵丽. 数据成为生产要素：特征、机制与价值形态演进 [J]. 上海经济研究，2021(08): 48–59.

[140] 李宏兵、王爽、赵春明. 农村电子商务发展的收入分配效应研究——来自"淘宝村"的经验证据 [J]. 经济经纬，2021(01): 37–47.

[141] 李慧泉、简兆权、毛世平. 数字经济赋能高质量发展：内在机制与中国经验 [J]. 经济问题探索，2023(08): 117–131.

[142] 李继霞、刘涛、霍静娟. 中国农村公共服务供给质量时空格局及影响因素 [J]. 经济地理，2022(06): 132–143.

[143] 李继尊. 关于互联网金融的思考 [J]. 管理世界，2015(07): 1–7.

[144] 李建军、彭俞超、马思超. 普惠金融与中国经济发展：多维度内涵与实证分析 [J]. 经济研究，2020(04): 37–52.

[145] 李金华. 数字经济背景下中国信息产业与信息化：发展现实及政策思考 [J]. 北京工商大学学报（社会科学版），2022(06): 1–11.

[146] 李力行、周广肃. 平台经济下的劳动就业和收入分配：变化趋势与政策应对 [J]. 国际经济评论，2022(02): 46–59.

[147] 李梅、黎涵、刘成奎. 财政支农支出、农村资金外流与城乡居民收入差距 [J]. 经济问题探索，2023(01): 159–175.

[148] 李猛 . 东北全面振兴和高质量发展——以实现"双碳"目标和应对老龄化为关键点 [J]. 哈尔滨工业大学学报（社会科学版），2021(06): 144–153.

[149] 李琪、唐跃桓、任小静 . 电子商务发展、空间溢出与农民收入增长 [J]. 农业技术经济，2019(04): 119–131.

[150] 李秦、李明志、罗金峰 . 互联网贸易与市场一体化——基于淘宝网数据的实证研究 [J]. 中国经济问题，2014(06): 40–53.

[151] 李实、宋锦、刘小川 . 中国城镇职工性别工资差距的演变 [J]. 管理世界，2014(03): 53–65.

[152] 李实、朱梦冰 . 推进收入分配制度改革 促进共同富裕实现 [J]. 管理世界，2022(01): 52–61.

[153] 李实 . 共同富裕的目标和实现路径选择 [J]. 经济研究，2021(11): 4–13.

[154] 李实 . 中国特色社会主义收入分配问题 [J]. 政治经济学评论，2020(01): 116–129.

[155] 李涛、徐翔、孙硕 . 普惠金融与经济增长 [J]. 金融研究，2016(04): 1–16.

[156] 李晓钟、李俊雨 . 数字经济发展对城乡收入差距的影响研究 [J]. 农业技术经济，2022(02): 77–93.

[157] 李雪松、孙博文 . 密度、距离、分割与区域市场一体化——来自长江经济带的实证 [J]. 宏观经济研究，2015(06): 117–128.

[158] 李颖、孙长学 . "互联网 + 医疗"的创新发展 [J]. 宏观经济管理，2016(03): 33–35..

[159] 李永友、沈坤荣.财政支出结构、相对贫困与经济增长 [J].
管理世界，2007(11): 14–26.

[160] 李勇坚.中小企业数字化转型：理论逻辑、现实困境和国际
经验 [J].人民论坛·学术前沿，2022(18): 37–51.

[161] 李媛、阮连杰.数字经济赋能中国式农业农村现代化：理论
逻辑与经验证据 [J].经济问题，2023(08): 25–32.

[162] 李赞、张其仔.新冠肺炎疫情对我国平台经济发展的影响分
析 [J].产业经济评论，2020(06): 32–52.

[163] 李志平、吴凡夫.农村电商对减贫与乡村振兴影响的实证研
究 [J].统计与决策，2021(06): 15–19.

[164] 李治国、李兆哲、孔维嘉.数字基础设施建设赋能包容性绿
色增长：内在机制与经验证据 [J].浙江社会科学，2023(08):
15–24.

[165] 梁东亮、赖雄麟.数字经济促进共同富裕研究——基于均衡
增长视角 [J].理论探讨，2022(03): 57–62.

[166] 梁峰、季泽新、王雅洁、王谦.跨区域医联体背景下"互联
网＋医疗"平台定价机制 [J].系统管理学报，2023(04): 733–
745.

[167] 刘翠花、戚聿东.数字经济促进就业扩容提质的理论逻辑、
作用机理与推进路径 [J].理论学刊，2023(04): 129–141.

[168] 刘华军、孙东旭、丁晓晓.中国居民收入的南北差距分析 [J].
中国人口科学，2022(04): 30–43.

[169] 刘家明、裴云鹤.平台经济推进共同富裕：何以可行与何以
可为 [J].电子政务，2023(10): 42–57.

[170] 刘明辉、卢飞.城乡要素错配与城乡融合发展——基于中国省级面板数据的实证研究 [J].农业技术经济，2019(02): 33-46.

[171] 刘培林、钱滔、黄先海、董雪兵.共同富裕的内涵、实现路径与测度方法 [J].管理世界，2021(08): 117-129.

[172] 刘伟丽、陈腾鹏.数字经济是否促进了共同富裕？——基于区域协调发展的研究视角 [J].当代经济管理，2023(03): 1-10.

[173] 刘晓、童小晨.低技能劳动力：内涵、群体特征与技能提升策略 [J].中国远程教育，2023(02): 9-17.

[174] 刘亚军.互联网使能、金字塔底层创业促进内生包容性增长的双案例研究 [J].管理学报，2018(12): 1761-1771.

[175] 刘奕.价值共创背景下互联网平台拓展服务消费：变革特征与理论机制 [J].贵州社会科学，2023(09): 113-121.

[176] 陆岷峰.平台经济与实体经济：融合优势、运行机理与赋能路径 [J].新疆社会科学，2024(01): 56-70.

[177] 陆铭、陈钊.城市化、城市倾向的经济政策与城乡收入差距 [J].经济研究，2004(06): 50-58.

[178] 罗芳勇、杨诗琦、李石强.数字经济对要素市场一体化的影响研究 [J].产业经济评论，2023(03): 31-53.

[179] 罗千峰.农村电商的增收效应及其机制——来自中国乡村振兴调查的经验证据 [J].中国流通经济，2022(09): 47-59.

[180] 吕勇斌、李仪.金融包容对城乡收入差距的影响研究——基于空间模型 [J].财政研究，2016(07): 22-34.

[181] 穆胜.释放潜能：平台型组织的进化路线图 [M].北京：人民

邮电出版社，2018.

[182] 宁光杰、崔慧敏、付伟豪. 信息技术发展如何影响劳动力跨行业流动？——基于工作任务与技能类型的实证研究 [J]. 管理世界，2023(08): 1–21.

[183] 宁光杰、雒蕾、齐伟. 我国转型期居民财产性收入不平等成因分析 [J]. 经济研究，2016(04): 116–128.

[184] 欧阳日辉、龚伟. 促进数字经济和实体经济深度融合：机理与路径 [J]. 北京工商大学学报（社会科学版），2023(04): 10–22.

[185] 欧阳日辉. 数字经济促进共同富裕的逻辑、机理与路径 [J]. 长安大学学报（社会科学版），2022(01): 1–15.

[186] 戚聿东、丁述磊、刘翠花. 数字经济时代新职业发展与新型劳动关系的构建 [J]. 改革，2021(09): 65–81.

[187] 戚聿东、刘翠花、丁述磊. 数字经济发展、就业结构优化与就业质量提升 [J]. 经济学动态，2020(11): 17–35.

[188] 戚聿东、刘翠花. 数字经济背景下互联网使用是否缩小了性别工资差异——基于中国综合社会调查的经验分析 [J]. 经济理论与经济管理，2020(09): 70–87.

[189] 齐文浩、张越杰. 以数字经济助推农村经济高质量发展 [J]. 理论探索，2021(03): 93–99.

[190] 乔小乐、何洋、李峰. 工作转换视角下数字经济对性别收入差距的影响研究 [J]. 西安交通大学学报（社会科学版），2023(01): 74–83.

[191] 秦芳、王剑程、胥芹. 数字经济如何促进农户增收？——来

自农村电商发展的证据 [J]. 经济学（季刊），2022(02): 591–612.

[192] 邱子迅、周亚虹. 电子商务对农村家庭增收作用的机制分析——基于需求与供给有效对接的微观检验 [J]. 中国农村经济，2021(04): 36–52.

[193] 邱子迅、周亚虹. 数字经济发展与地区全要素生产率——基于国家级大数据综合试验区的分析 [J]. 财经研究，2021(07): 4–17.

[194] 盛来运、郑鑫、周平、李拓. 我国经济发展南北差距扩大的原因分析 [J]. 管理世界，2018(09): 16–24.

[195] 师博、胡西娟. 高质量发展视域下数字经济推进共同富裕的机制与路径 [J]. 改革，2022(08): 76–86.

[196] 史丹、孙光林. 大数据发展对制造业企业全要素生产率的影响机理研究 [J]. 财贸经济，2022(09): 85–100.

[197] 史丹. 数字经济条件下产业发展趋势的演变 [J]. 中国工业经济，2022(11): 26–42.

[198] 史健勇. 优化产业结构的新经济形态——平台经济的微观运营机制研究 [J]. 上海经济研究，2013(08): 85–89.

[199] 史新杰、崔柳、傅昌銮. 数字技术助推城乡公共服务均等化：作用机理与实践逻辑 [J]. 治理研究，2023(02): 109–123.

[200] 宋保胜、杨贞、李文、李劼、王彩霞. 科技创新服务乡村振兴的内在逻辑及有效供给路径研究 [J]. 科学管理研究，2020(05): 116–124.

[201] 宋洪远、江帆、张益. 新时代中国农村发展改革的成就和经

验 [J]. 中国农村经济，2023(03): 2–21.

[202] 宋锴业. 中国平台组织发展与政府组织转型——基于政务平台运作的分析 [J]. 管理世界，2020(11): 172–194.

[203] 宋晓玲. 数字普惠金融缩小城乡收入差距的实证检验 [J]. 财经科学，2017(06): 14–25.

[204] 苏锦旗、潘婷、董长宏. 中国农业数字化发展及区域差异评价 [J]. 西北农林科技大学学报（社会科学版），2023(04): 135–144.

[205] 孙绍勇、周伟. 平台经济促进乡村经济振兴的逻辑、困境与策略 [J]. 西北大学学报（哲学社会科学版），2023(05): 162–173.

[206] 孙永强. 金融发展、城市化与城乡居民收入差距研究 [J]. 金融研究，2012(04): 98–109.

[207] 索晓霞. 乡村振兴战略下的乡土文化价值再认识 [J]. 贵州社会科学，2018(01): 4–10.

[208] 唐红涛、朱晴晴. 电子商务与经济增长：一个理论框架 [J]. 湖南社会科学，2017(05): 127–133.

[209] 唐琦、夏庆杰、李实. 中国城市居民家庭的消费结构分析：1995–2013[J]. 经济研究，2018(02): 35–49.

[210] 唐松、伍旭川、祝佳. 数字金融与企业技术创新——结构特征、机制识别与金融监管下的效应差异 [J]. 管理世界，2020(05), 52–66.

[211] 田涛. 电商发展对 CPI 的影响研究——基于大数据背景下线上线下价格波动的同步性分析 [J]. 上海经济研究，2016(03):

112–119.

[212] 田秀娟、李睿 . 数字技术赋能实体经济转型发展——基于熊彼特内生增长理论的分析框架 [J]. 管理世界，2022(05): 56–74.

[213] 汪阳洁、黄浩通、强宏杰、黄季焜 . 交易成本、销售渠道选择与农产品电子商务发展 [J]. 经济研究，2022(08): 116–136.

[214] 王驰、曹劲松 . 数字新型基础设施建设下的安全风险及其治理 [J]. 江苏社会科学，2021(05): 88–99.

[215] 王俊豪、周晟佳 . 中国数字产业发展的现状、特征及其溢出效应 [J]. 数量经济技术经济研究，2021(03): 103–119.

[216] 王珺 . 区域差距再评估与缩小路径 [J]. 学术研究，2017(11): 79–87.

[217] 王利利、徐强 . "赋能" 与 "赋责"：共同富裕下平台经济的发展机制和治理逻辑 [J]. 经济问题，2024(01): 33–39.

[218] 王如玉、梁琦、李广乾 . 虚拟集聚：新一代信息技术与实体经济深度融合的空间组织新形态 [J]. 管理世界，2018(02): 13–21.

[219] 王世强 . 平台经济影响共同富裕的微观分析视角研究 [J]. 当代经济管理，2023(06): 71–79.

[220] 王天晓、吴宏政 . 面向中国式现代化：平台经济高质量发展助力共同富裕的战略抉择 [J]. 新疆社会科学，2023(04): 44–53.

[221] 王婷、苏兆霖 . 如何科学认识第三次分配的内涵 [J]. 政治经济学评论，2022(06): 54–70.

[222] 王伟、孔繁利. 乡村振兴背景下农村基础设施发展路径研究 [J]. 农业经济，2023(07): 42–44.

[223] 王文. 数字经济时代下工业智能化促进了高质量就业吗 [J]. 经济学家，2020(04): 89–98.

[224] 王玉、张占斌. 数字经济、要素配置与区域一体化水平 [J]. 东南学术，2021(05): 129–138.

[225] 王月、张强强、霍学喜. 平等抑或固化——数字技术能否促进农村居民代际职业流动 [J]. 山西财经大学学报，2023(07): 16–29.

[226] 王钺. 数字经济赋能城乡市场整合的理论逻辑与实践路径 [J]. 行政管理改革，2023(02): 39–48.

[227] 王志辉、祝宏辉、雷兵. 农村电商产业集群高质量发展：内涵、困境与关键路径 [J]. 农村经济，2021(03): 110–118.

[228] 魏敏、李书昊. 新时代中国经济高质量发展水平的测度研究 [J]. 数量经济技术经济研究，2018(11): 3–20.

[229] 吴汉洪. 互联网经济的理论与反垄断政策探讨 [J]. 财经问题研究，2018(09): 3–18.

[230] 吴梦涛、张龙天、武康平. 数字经济背景下的人力资本积累新模式探究 [J]. 经济学报，2023(02): 1–27.

[231] 吴万宗、刘玉博、徐琳. 产业结构变迁与收入不平等——来自中国的微观证据 [J]. 管理世界，2018(02): 22–33.

[232] 吴晓求. 中国金融的深度变革与互联网金融 [J]. 财贸经济，2014(01): 14–23.

[233] 吴雨、李晓、李洁、周利. 数字金融发展与家庭金融资产组

合有效性 [J]. 管理世界，2021(07): 92–104.

[234] 武宵旭、任保平 . 数字经济背景下要素资源配置机制重塑的路径与政策调整 [J]. 经济体制改革，2022(02): 5–10.

[235] 夏杰长、刘诚 . 数字经济赋能共同富裕：作用路径与政策设计 [J]. 经济与管理研究，2021(09): 3–13.

[236] 夏显力、陈哲、张慧利、赵敏娟 . 农业高质量发展：数字赋能与实现路径 [J]. 中国农村经济，2019(12): 2–15.

[237] 夏艳艳、关凤利、冯超 . 新时代中国区域协调发展的新内涵及时代意义 [J]. 学术探索，2022(03): 45–53.

[238] 肖旭、戚聿东 . 产业数字化转型的价值维度与理论逻辑 [J]. 改革，2019(08): 61–70.

[239] 谢地、齐向炜 . 实施区域重大战略构建经济高质量发展新的空间格局 [J]. 政治经济学评论，2023(03): 3–21.

[240] 谢平、邹传伟 . 互联网金融模式研究 [J]. 金融研究，2012(12): 11–22.

[241] 谢小云、左玉涵、胡琼晶 . 数字化时代的人力资源管理：基于人与技术交互的视角 [J]. 管理世界，2021(01): 200–216.

[242] 谢绚丽、沈艳、张皓星、郭峰 . 数字金融能促进创业吗？——来自中国的证据 [J]. 经济学（季刊），2018(04): 1557–1580.

[243] 星焱 . 农村数字普惠金融的"红利"与"鸿沟"[J]. 经济学家，2021(02): 102–111.

[244] 熊巧琴、汤珂 . 数据要素的界权、交易和定价研究进展 [J]. 经济学动态，2021(02): 143–158.

[245] 徐碧波、裴沁雪、陈卓、祝正洲. 国家中小学智慧教育平台推进基础教育数字化转型的现实意义与优化方向 [J]. 中国电化教育，2023(02): 74–80.

[246] 徐志刚、张赟. 数字乡村发展困境与破解之策——基于农户信息化需求与农村电商物流视角 [J]. 财贸研究，2022(07): 41–53.

[247] 许清清、孟天赐、江霞. 智能制造对劳动力就业质量结构的影响及区域差异研究 [J]. 江汉学术，2022(02): 32–42.

[248] 许宪春、张钟文、胡亚茹. 数据资产统计与核算问题研究 [J]. 管理世界，2022(02): 16–30.

[249] 许竹青、郑风田、陈洁. 数字鸿沟"还是"信息红利"？信息的有效供给与农民的销售价格——一个微观角度的实证研究 [J]. 经济学（季刊），2013(04): 1513–1516.

[250] 严宇珺、龚晓莺. 数字经济助推共同富裕：基本逻辑、作用机制及实现路径 [J]. 西南民族大学学报（人文社会科学版），2023(02): 124–130.

[251] 杨俊、李小明、黄守军. 大数据、技术进步与经济增长——大数据作为生产要素的一个内生增长理论 [J]. 经济研究，2022(04): 103–119.

[252] 杨少雄、孔荣. 数字金融市场参与改善农户收入了吗？[J]. 华中农业大学学报（社会科学版），2021(05): 180–190.

[253] 杨书焱. 我国农村电商扶贫机制与扶贫效果研究 [J]. 中州学刊，2019(09): 41–47.

[254] 杨思涵、佟孟华. 普惠性人力资本投入如何推动城乡共同富裕 [J]. 山西财经大学学报，2023(02): 1–15.

[255] 杨伟国、吴清军、张建国等 . 中国灵活用工发展报告（2022）
      [M]. 北京：社会科学文献出版社，2021.

[256] 杨伟明、粟麟、王明伟 . 数字普惠金融与城乡居民收入——
      基于经济增长与创业行为的中介效应分析 [J]. 上海财经大学
      学报，2020(04): 83-94.

[257] 姚常成、宋冬林 . 数字经济与产业空间布局重塑：均衡还是
      极化 [J]. 财贸经济，2023(06): 69-87.

[258] 姚梅洁、康继军、华莹 . 金融排斥对中国县域经济影响研究：
      实现路径与动态特征 [J]. 财经研究，2017(08): 96-108.

[259] 姚耀军 . 金融发展与城乡收入差距关系的经验分析 [J]. 财经
      研究，2005(02): 49-59.

[260] 叶秀敏 . 平台经济促进中小企业创新的作用和机理研究 [J].
      科学管理研究，2018(02): 62-66.

[261] 叶志强、陈习定、张顺明 . 金融发展能减少城乡收入差距
      吗？——来自中国的证据 [J]. 金融研究，2011(02): 42-56.

[262] 易行健、周利 . 数字普惠金融发展是否显著影响了居民消
      费——来自中国家庭的微观证据 [J]. 金融研究，2018(11):
      47-67.

[263] 尹凯民、梁懿 . 算法新闻的伦理争议及审视 [J]. 现代传播
      （中国传媒大学学报），2021(09): 64-68.

[264] 尹西明、林镇阳、陈劲、林拥军 . 数据要素价值化动态过程
      机制研究 [J]. 科学学研究，2022(02): 220-229.

[265] 尹振涛、李俊成、杨璐 . 金融科技发展能提高农村家庭幸福
      感吗？——基于幸福经济学的研究视角 [J]. 中国农村经济，

2021(08): 63–79.

[266] 余文涛、吴士炜. 互联网平台经济与正在缓解的市场扭曲 [J]. 财贸经济，2020(05): 146–160.

[267] 郁建兴、任杰. 共同富裕的理论内涵与政策议程 [J]. 政治学研究，2021(03): 13–25.

[268] 张晨颖. 公共性视角下的互联网平台反垄断规制 [J]. 法学研究，2021(04): 149–170.

[269] 张贺、白钦先. 数字普惠金融减小了城乡收入差距吗？——基于中国省级数据的面板门槛回归分析 [J]. 经济问题探索，2018(10): 122–129.

[270] 张红伟、何冠霖. 数字普惠金融对家庭风险金融资产配置的影响及机制研究 [J]. 经济体制改革, 2022(02): 136–143.

[271] 张虎、张毅. 数字经济如何影响中国产业链现代化：理论依据与经验事实 [J]. 经济管理，2023(07): 5–21.

[272] 张晶. 互联网金融：新兴业态、潜在风险与应对之策 [J]. 经济问题探索，2014(04): 81–85.

[273] 张宽、邓鑫、沈倩岭、漆雁斌. 农业技术进步、农村劳动力转移与农民收入——基于农业劳动生产率的分组 PVAR 模型分析 [J]. 农业技术经济，2017(06): 28–41.

[274] 张来明、李建伟. 促进共同富裕的内涵、战略目标与政策措施 [J]. 改革，2021(09): 16–33.

[275] 张磊、韩雷. 电商经济发展扩大了城乡居民收入差距吗？ [J]. 经济与管理研究。2017(05): 3–13.

[276] 张林忆、孙绍勇. 平台经济赋能共同富裕的逻辑机理、现实

挑战与实践路径 [J]. 河北经贸大学学报，2023(01): 36-45.

[277] 张龙鹏、张双志 . 技术赋能：人工智能与产业融合发展的技术创新效应 [J]. 财经科学，2020(06): 74-88.

[278] 张鹏、高小平 . 数字技术驱动公共服务高质量发展——基于农村的实践与优化策略 [J]. 理论与改革，2022(05): 82-93.

[279] 张勋、万广华、张佳佳、何宗樾 . 数字经济、普惠金融与包容性增长 [J]. 经济研究，2019(08): 71-86.

[280] 张雅光 . 新时代城乡一体化发展的制度障碍研究 [J]. 理论月刊，2021(10): 78-87.

[281] 张永恒、王家庭 . 数字经济发展是否降低了中国要素错配水平？ [J]. 统计与信息论坛，2020(09): 62-71.

[282] 张蕴萍、栾菁 . 数字经济平台垄断治理策略研究 [J]. 经济问题，2021(12): 9-15.

[283] 赵滨元 . 数字经济对区域创新绩效及其空间溢出效应的影响 [J]. 科技进步与对策，2021(14): 37-44.

[284] 赵立文、郭英彤、许子琦 . 产业结构变迁与城乡居民收入差距 [J]. 财经问题研究，2018(07): 38-44.

[285] 赵涛、张智、梁上坤 . 数字经济、创业活跃度与高质量发展——来自中国城市的经验证据 [J]. 管理世界，2020(10): 65-76.

[286] 赵燕 . 要素配置促进共同富裕？——基于土地城镇化与城乡收入差距视角 [J]. 云南财经大学学报，2022(11): 22-41.

[287] 郑新业、肖寒、韩奕 . 共同富裕：涓滴效应在中国的再检验 [J]. 经济学动态，2024(04): 12-32.

[288] 钟文、郑明贵. 数字经济对区域协调发展的影响效应及作用机制 [J]. 深圳大学学报（人文社会科学版），2021(04): 79–87.

[289] 周济. 制造业数字化智能化 [J]. 中国机械工程，2012(20): 2395–2400.

[290] 周利、冯大威、易行健. 数字普惠金融与城乡收入差距："数字红利"还是"数字鸿沟"[J]. 经济学家，2020(05): 99–108.

[291] 周清香、李仙娥. 数字经济对共同富裕的影响效应与作用机制研究 [J]. 经济问题探索，2023(06): 80–93.

[292] 周绍东、刘健. 数字技术如何促进共同富裕？——以"湖北淘宝第一村"下营村为例 [J]. 理论月刊，2022(09): 60–70.

[293] 朱迪. 新兴中等收入群体的崛起：互联网消费特征及其经济社会价值 [J]. 社会科学辑刊，2022(01): 46–58.

[294] 朱建华、陈田、王开泳、戚伟. 改革开放以来中国行政区划格局演变与驱动力分析 [J]. 地理研究，2015(02): 247–258.

[295] 朱瑾、许谅亮. 知识产权保护水平评估制度的构建 [J]. 知识产权，2021(12): 52–67.

[296] 朱太辉、林思涵、张晓晨. 数字经济时代平台企业如何促进共同富裕 [J]. 金融经济学研究，2022(01): 181–192.

[297] 祝志勇、刘畅畅. 数字基础设施对城乡收入差距的影响及其门槛效应 [J]. 华南农业大学学报（社会科学版），2022(05): 126–140.